国 土 空 间 规 划 丛 书

战 略 性 新 兴 领 域 "十 四 五" 高 等 教 育 教 材
教育部战略性新兴领域"十四五"高等教育教材体系建设团队编写

丛书主编　吴志强

国土空间详细规划编制

DETAILED PLANNING FOR TERRITORIAL SPACE

张尚武　张　立　主编

同济大学出版社
TONGJI UNIVERSITY PRESS
·上海·

图书在版编目（CIP）数据

国土空间详细规划编制 / 张尚武，张立主编.
上海：同济大学出版社，2024.8. --（国土空间规划丛书 / 吴志强主编）（战略性新兴领域"十四五"高等教育教材）. -- ISBN 978-7-5765-1312-7

Ⅰ. TU98

中国国家版本馆CIP数据核字第2024S3Q173号

战略性新兴领域"十四五"高等教育教材
国土空间规划丛书

丛书主编　吴志强

国土空间详细规划编制

张尚武　张　立　主编

策划编辑：吕　炜　｜　责任编辑：由爱华　｜　助理编辑：汪　鹤　｜　责任校对：徐春莲　｜　封面设计：完　颖

| 出版发行：同济大学出版社 www.tongjipress.com.cn
|　　　　　（地址：上海市四平路1239号　邮编：200092　电话：021-65985622）
| 经　　销：全国各地新华书店、建筑书店、网络书店
| 印　　刷：上海安枫印务有限公司
| 开　　本：787mm×1092mm　1/16
| 印　　张：11.75
| 字　　数：206 000
| 版　　次：2024年8月第1版
| 印　　次：2024年8月第1次印刷
| 书　　号：ISBN 978-7-5765-1312-7
| 定　　价：55.00元

本品若有印装质量问题，请向本社发行部调换　　版权所有　　侵权必究

《国土空间详细规划编制》编辑委员会

主　编

张尚武　张　立

委　员（按姓氏笔画排序）

匡晓明　刘大海　李和平　杨俊宴　张　立　张尚武　周剑云
段德罡　栾　峰　郭　杰　黄亚平　程　遥　曾　鹏

总　序

"智人"（Homo sapiens）之所以在动物界中脱颖而出超越动物本能，是因为其具有谋划共同愿景、在共同目标下创造复杂工具技术、展开语言沟通交流及大规模集体协同行动的能力。其中包含三种关键能力：

（1）具有想象愿景的能力。可通过协商想象，制定出一个共同认同的、尚未现实存在的愿景目标（visioning）。

（2）具有为实现目标设置路径的能力。对大规模个体进行系统分工，分头分段推进计划（approaching）。

（3）具有语言沟通、协同调整的能力。在实施愿景的过程中，对于没有发生的场景进行过程沟通，不断优化目标、优化途径、优化分工，直到实现愿景，甚至实现超出原本愿景的目标（coordinating）。

这三种能力是人类区别于其他动物的本质能力，也是规划的三大核心要素：目标愿景、实施路径、沟通协调。因此，只要理解人类与动物能力的本质区别，就可以理解人类为什么一定会进行规划。

土地是人类生存的根本基础，也是动植物的生存基础。人类在现代文明之前，几乎所有的生存、生活和生产活动都在土地上发生。因此，人类在进入现代文明之前，各种族之间的竞争几乎都可以理解为对生存土地及土地之上的生产、生活资料的竞争。马克思主义诞生以前，西方对于财富的认识一般为：土地是财富之母，劳动是财富之父。马克思主义诞生以后，资本主义产生财富的依托要素被扩展至除土地、劳动之外的资本等其他要素。

空间比土地的含义更多，也更复杂。空间之所以比土地复杂，可以从以下三个方面来认识：

（1）从空间维度上，空间有地下、地面、地上、空中的深度和高度。

（2）从生产维度上，除了包含第一产业之外，更重要的是第二产业和第三产业，以及更高维度的生产组织和生产关系。

（3）从构成要素维度上，除了自然物质空间和人造物质空间外，还有社会空间，以及正在诞生的数字智能空间的多要素空间复合。

因此，我们现在一般称空间是复合的，空间进入了三度空间：物质空间、社会空间和数字空间。而三度空间在某个时段中又是一体化运行推进的，这也说明人类文明正进入更高的维度，空间的规划也变得更加多维、更加系统、更加复合，要求更高的文明来规划和治理。

空间规划是文明的产物，不同的文明阶段也对应了不同的空间规划。进入工业文明后，随着城市空间的立体化和城市财富要素的高速流动，大城市的规划成为一种职业，也是现代空间规划的起源。现代空间规划从大城市区域的空间规划，逐步发展到中小城市的规划，并延续到农业地区的规划，使得空间规划包含了城市和乡村地区人类居住空间的整体规划。

当前，我们这套"国土空间规划丛书"第1期共有22个分册，包括《国土空间规划原理》《数字国土空间》《国土空间规划概论》《国土空间规划理论与方法》《国土空间治理学（上册）》《国土空间治理学（下册）》《国土空间规划实施与治理》《国土空间使用与管理（上册）》《国土空间使用与管理（下册）》《国土空间总体规划编制》《国土空间详细规划编制》《乡镇域国土空间规划》《村域国土空间规划》《国土空间专项规划编制》《国土空间健康规划》《国土空间遗产保护与复兴规划》《国土空间产业规划》《国土空间生态规划》《国土空间规划与空间形态设计》《国土空间规划相关知识：自然卷》《国土空间规划相关知识：人文卷》《国土空间规划相关知识：陆海统筹》，基本涵盖了空间规划的维度和层级。

这套丛书汇聚了清华大学、北京大学、东南大学、天津大学、同济大学、华中科技大学、中国人民大学等众多高水平教学团队的智慧和经验，除完成系统整理和传播国土空间规划领域的知识、厘清学科脉络这一书籍的历史使命之外，我们还期望这套丛书在指导实际规划工作中的决策和操作、推介最新技术和方法、了解和适应国土空间规划行业变化、扩展跨学科和国际视野方面能提供实际的帮助。

"国土空间规划丛书"作为开放体系，随着科技进步和城市规划理论的发展而不断更新和完善，可能会增加更多探讨新兴技术和方法的分册、更新前沿的实际案例研究。我们也希望这套丛书能够成为国土空间规划领域的一个开放平台，吸引更多的学者和实践者参与进来，激发更多关于构建更加智能、可持续和公平的城市的讨论和探索，共同推动国土空间规划学科的发展。

"国土空间规划丛书"总主编
中国工程院院士
教育部建筑类专业教学指导委员会副主任、城乡规划学分指导委员会主任

前　言

详细规划编制是国土空间规划技术体系的重要组成部分。详细规划是总体规划的实施性安排，建立以详细规划运行体系为核心的全域全要素、全生命周期的规划管理制度，对于落实国土空间规划改革任务、推动新时期城乡高质量发展及规划建设治理模式转型具有关键作用。一方面，详细规划是对国土空间使用作出的具体安排，是开展国土空间开发保护活动、实施用途管制和建设管理的法定依据，构成了规划体系运行的基础载体和规划管理的核心环节；另一方面，详细规划也是优化城乡空间结构、完善功能配置、激发发展活力的实施性政策工具，作为增强城乡空间治理能力的具体手段，详细规划通过实施不断优化空间资源配置和空间使用，实现高质量发展、高品质生活。

国土空间规划体系下的详细规划是对传统城乡规划体系中控制性详细规划的继承和发展。我国的控制性详细规划是20世纪80年代借鉴西方国家开发控制层面的规划经验创设的规划类型，在城镇化快速发展阶段对指导城市开发建设、规范规划管理起到了重要作用，然而随着我国的城乡建设步入存量时期，其不适应性愈发凸显。其中存在三个主要矛盾：第一，战略与实施脱节的矛盾，传统详细规划在运行中缺乏与总体规划的传导衔接和实施过程中的评估反馈机制；第二，静态与动态的矛盾，传统详细规划采用一种静态的蓝图式的管理方式，难以形成针对城市发展实际需求的动态响应；第三，刚性与弹性的矛盾，指的是在发展和管控之间、"该管的"和"不该管的"之间边界模糊，管控内容缺乏适应弹性。

新体系下的国土空间详细规划具有以下四个特点：一是从城市拓展到覆盖全域全要素的规划管理，作为用途管制的依据，其覆盖范围不仅包括城乡建设用地的使用，也包括对农业空间、生态空间的空间使用与管理；二是分区分类推进详细规划编制，空间对象的多元性，不仅要区分城镇地区、乡村地区、生态地区等差异，也要根据不同空间单元本身的具体特征，如城镇开发边界内存量地区和增量空间的不同，采用差别化的编制方法；三是分层次的详细规划编制模式，即采取"单元规划+地块规划（实施方案）"的基本编制模式，单元规划加强与总规衔接、底线控制和要素统筹，地块详细规划则以单元层面详细规划为依据，对应具体的行动任务，按需编制、滚动实施，两者组合起来构成详细规划的两层体系，共同发挥作为法定依据和政策工具的作用；四是体现全生命周期的规划管理要求，详细规划编制技术体系应与规划体系运行、规划实施过程结合起来，建立国土空间规划"一张图"系统和规划动态实施运行模式，并通过评估反馈机制将详细规划的干预作用与空间格局优化、空间使用的绩效评价联系起来。

本规划教材旨在反映详细规划的最新改革要求和发展方向，内容涵盖了以下四个部分。

第一部分为总论，主要为国土空间详细规划概述，介绍国土空间规划改革的总体要求、详细规划的定位，以及编制层次、类型、组织程序等详细规划总体特点和要求；

第二部分主要为详细规划编制的原理和方法，包括国土空间用途管制、开发控制与城市设计引导、详细规划单元与综合实施方案等内容；

第三部分为不同类型的详细规划编制，包括城镇详细规划、村庄规划和其他类型详细规划三个大类；

第四部分为详细规划的实施与管理，包括详细规划审批、实施管理、实施评估、动态维护等内容。

本教材是依据当前初步完成的国土空间规划知识体系中的详细规划编制内容编写的，是教育部战略性新兴领域"十四五"高等教育教材，也是国土空间规划系列教材。教材注重理论与实践的结合，力求反映国土空间详细规划领域的最新研究成果和实践经验。同时编委会也力求体现战略性新型教材的特点，线上资源也在同步建设，线上线下资源融合，推动教学数字化转型。

国土空间规划体系改革是一项系统工程，也是一个持续的过程，因此，详细规划编制方法及其技术体系构建还在实践中不断完善和创新。本教材编写团队为国内高校富有教学经验，并在详细规划学术研究和实践领域具有丰富积累的专家学者，力求教材能够对详细规划改革方向和要求有更准确的把握。在教材的使用过程中，我们鼓励读者结合本地实际情况，创造性地应用教材中的理念和方法，不断探索适应地方特色的详细规划路径。我们相信，通过不断的实践和探索，详细规划将更好地服务于国土空间的合理利用和城乡高质量发展。

期待本教材能够为规划工作者、学者和学生提供有价值的参考和指导，共同推动国土空间规划事业的发展。

张尚武　张立
2024 年 7 月

目　录

总　序 　　V
前　言 　　VII

第 1 章　详细规划概述　　001
1.1　国土空间规划体系中的详细规划　　001
1.2　详细规划的编制层次　　006
1.3　详细规划的编制类型与重点内容　　008
1.4　详细规划编制的组织程序　　010
　　　参考文献　　016

第 2 章　国土空间用途管制　　017
2.1　国土空间用途管制概述　　017
2.2　国土空间用途分类管制　　027
2.3　国土空间分区管制　　033
　　　参考文献　　044

第 3 章　详细规划开发控制与城市设计引导　　045
3.1　详细规划开发控制　　045
3.2　详细规划层面的城市设计引导　　060
　　　参考文献　　069

第 4 章　详细规划单元与综合实施方案　　070
4.1　详细规划单元　　070
4.2　详细规划综合实施方案　　086
　　　参考文献　　097

第 5 章　城镇详细规划编制　098

- 5.1　城镇详细规划的主要编制内容　098
- 5.2　城市中心区详细规划　103
- 5.3　城市新区详细规划　105
- 5.4　商业功能区详细规划　108
- 5.5　商务功能区详细规划　109
- 5.6　产业园区详细规划　111
- 5.7　居住功能区详细规划　113
- 5.8　交通枢纽功能区详细规划　115
- 5.9　历史街区详细规划　117
- 参考文献　119

第 6 章　村庄规划编制　120

- 6.1　村庄规划的定位与作用　121
- 6.2　村庄规划的内容与编制方法　123
- 6.3　村庄规划的类型　126
- 6.4　村庄设计　129
- 参考文献　136

第 7 章　其他类型的详细规划　137

- 7.1　风景名胜区详细规划　137
- 7.2　自然保护地详细规划　140
- 7.3　国有农林场详细规划　142
- 7.4　历史文化遗址详细规划　145
- 7.5　海洋详细规划　147
- 7.6　其他特殊类型详细规划　154
- 参考文献　157

第 8 章　详细规划的实施与管理　159

- 8.1　详细规划的审批　159

8.2	详细规划的实施管理	161
8.3	详细规划的实施评估	163
8.4	详细规划的监测预警	166
8.5	详细规划的动态维护	169
	参考文献	172

后　记　173

第 1 章

详细规划概述

■ **教学要求**

详细规划是国土空间规划"五级三类"体系中的三类规划之一，以国土空间总体规划为依据，是实施国土空间用途管制和核发建设用地规划许可证、建设工程规划许可证、乡村建设规划许可证等城乡建设项目规划许可，以及实施城乡开发建设、整治更新、保护修复活动的法定依据，也是优化城乡空间结构、完善功能配置、激发发展活力的实施性政策工具。本章学习旨在掌握国土空间详细规划的基本定位、编制模式、编制运行的关键环节、编制层次、编制类型和编制组织程序等。

1.1 国土空间规划体系中的详细规划

1.1.1 国土空间规划体系重构的目标和要求

2019年5月《中共中央 国务院关于建立国土空间规划体系并监督实施的若干意见》（以下简称《若干意见》）正式印发，标志着国土空间规划体系的重构。规划编制技术体系和运行模式迫切需要完善空间维度、纵向维度、横向维度和时间维度等四个维度的整体架构：第一，空间维度上需要适应全域全要素管控模式和要求，体现国土空间规划的基础性作用；第二，纵向维度上以事权划分为基础，厘清各个层次、各类型规划之间的传导逻辑和衔接关系；第三，横向维度上面向规划实施，加强建立编管结合的规划实施体系；第四，时间维度上面向高质量发展，形成全生命周期的规划运行模式。

在国土空间规划体系中，详细规划是在继承了原城乡规划体系中控制性详细规划、村镇规划、土地利用规划等原有规划工具基础上的发展和完善，同时也承担了新发展理念和新治理体系赋予的新任务。在总体规划层面确定的城市发展战略以及"三区三线"等管控内容，需要进行向下传导和转译，并依托详细规划进行落实，详细规划制度体系的建设决定了新时期国土空间规划体系改革的最终成效。同时，详细规划是在新体系下落实优化国土空间使用、高效配置空间资源、实现高质量发展和高品质生活的关键载体，这就要求进一步发挥好详细规划的政策工具作用，扩展国土空间规划在空间治理中发挥作用的方式类型。

1.1.2 详细规划的基本特征

国土空间规划改革时期的详细规划具有五个特征：①作为用途管制的依据，也作为国土空间规划执法的依据，详细规划实现要全域城乡全覆盖的覆盖范围包括城乡建设用地及以耕地为代表的各类农用地；②具有科学属性的技术手段，具有综合落实上位规划、专项规划，并使各类城乡用地功能在更大比例尺的空间得以细化落实的特点，具有高度的综合性、复杂性；③属于公共政策，即落实保护耕地、保护生态等国策，也保障城乡安全高效运行，其规划编制成果向社会公开，是社会契约，也是具有法规属性的公共政策，具有高度的社会性；④与"两统一"职责（即统一行使全民所有自然资源资产所有者职责，统一行使所有国土空间用途管制和生态保护修复职责）呼应，尊重《中华人民共和国民法典》等定义的不动产权利；⑤纳入国土空间规划一张图管理。

1.1.3 详细规划的基本定位

1. 法定依据

详细规划是国土空间用途管制和实施开发管控的依据，从侧重建设项目管理到侧重空间用途使用管理，需要明确其作为底线规划的基本定位：其是以控制和约束为主的、相对静态的、以执行的方式运行的管控型规划。作为法定规划，详细规划要以法律强制的方式落实到具体的管理和建设项目之中。对法定作用的强调意味着详细规划的内容具有稳定性，以控制和约束为主，且不应该随意地进行调整。

2. 实施性政策工具

一般来讲，政策工具是被决策者或实践者所采用的实现政策目标的手段。一方面，作为实施性政策工具，详细规划应具有一定的灵活性和适应性，能够根据阶段性的政策目标、发展战略等做出动态调整，从而提升规划作为政策工具在规划实施中的治理效能；另一方面，从公共政策实施的角度来看，规划的实施需要各种类型政策工具的组合来实现其目标，因此，详细规划作为政策工具应考虑与其他如财政工具、交通政策工具等在实施层面的整合和协调，重视不同政策工具间的共时性互动作用。

3. 法定依据与实施性政策工具之间的关系

详细规划既要作为法定依据，又要作为实施性政策工具，这是新时期详细规划体系建设中需要正确认识和处理好的一对辩证统一关系。从传统详细规划的经验和困境中可以看出，通过一种蓝图式的编制模式很难协调两者关系，过于简单地将总体规划的指标或未来发展的意图不加区分直接落实到详细规划中作为法定内容，必然会造成详细规划与实际发展需求不符，这也是导致详细规划实际运作中频繁调整的一个主要因素，最终也影响了详细规划作为法定规划的权威性。可行的解决路径在于将详细规划的作用与规划运行过程结合起来，通过建立一套运行规则，在详细规划动态实施运行中协调战略与实施、静态与动态、发展与管控的矛盾。

1.1.4 详细规划的编制模式

国土空间详细规划应采取"单元+地块（实施）"的基本编制模式，打破传统详细规划针对具体项目采用的地块规划的局限。实际上，这种分层编制模式在传统详细规划中已有实践，例如，2019年的《若干意见》发布后，北京、上海、深圳、广州等城市也结合空间规划体系改革的要求进行了一些新的探索，提出了有重要参考价值的方案和做法。其中，北京在编制分区规划时会同步编制街区指引并进行备案，作为街区详细规划（单元规划）的编制依据。街区详细规划按需编制，在规划层面主要明确街区（单元）范围内的规模总量、底线管控等强制性内容，在街坊和地块的实施层面则根据实际开发建设的情况编制综合实施方案，搭建实施层面多主体共议协商的平台。深圳则建立以城镇单元为基础的法定图则编制管理制度体系，将城镇开发边界内详细规划分为法定图则和规划实施方案两个层次，实行"编到地块，管到单元"的模式。

虽然各地在规划层级的数量、单元的大小和划分方式、单元规划与地块规划的衔接关系等方面存在不小的差异，但总体来看，各地的单元层面详细规划均侧重统筹性，是对单元范围内主导功能、建设规模、用地布局、公共服务、空间形态等进行总体控制的管控型规划，是落实总体规划、衔接专项规划、指导地块层面详细规划的管理平台。单元层面详细规划起到衔接自上而下的管控和自下而上的动态实施的作用：一方面通过规划传导、细化并落实总体规划中的核心内容；另一方面简化管控内容，为实施层面的多主体共治和地块层面的弹性应对提供交互接口。

地块（实施）层面详细规划则侧重实施性，指导具体建设项目的实施，对地块的用途、开发建设强度等指标和管控要求作出具体安排，是土地出让和划拨用地条件等规划管理行为的依据。地块（实施）层面详细规划应以单元层面详细规划为依据，结合年度实施计划、行动规划以及实际管理等按需编制。

从单元层面详细规划与地块（实施）层面详细规划的关系来看，单元层面详细规划应突出底线控制和单元间的相互协调，原则上应实现城镇开发边界内全覆盖。而地块（实施）层面详细规划则对应具体的行动任务，按需编制、滚动实施。地块（实施）层面详细规划是在单元层面详细规划基础上结合实际需求进行的方案深化，两者组合起来构成详细规划的两层体系，共同发挥作为法定依据和政策工具的作用。

1.1.5　详细规划编制运行的关键环节

详细规划作用的发挥有赖于建立"总体规划、详细规划、实施评估、行动规划"四位一体、整体衔接的规划编制和实施运行模式。这种动态运行模式要解决传统总规与详细规划"两张皮"运行的弊病，通过自上而下的分解与自下而上的反馈将总体规划与详细规划衔接起来，其中的关键机制除了单元层面详细规划的承上启下外，还需要形成详细规划的滚动实施和动态维护机制，从时间角度对规划实施作出阶段性安排，并形成"监测—评估—维护"的循环系统。

1. 向上传导落实：重点突出详细规划与总体规划的衔接

详细规划作为规划体系运行的基础载体，不仅技术层面要加强与总体规划的衔接和反馈，将总体规划的原则、规划意图以及宏观的控制转化为对国土空间定量、微观的控制，其运行也需要纳入实施监督过程。"总—详"衔接是"承上"作用发挥的关键，但传统详细规划以指导具体项目的开发建设为主，在运行中缺乏与总体规划的传导衔接和实施过程中的评估反馈机制，这导致其实施往往脱离总体规划确定的目标和内容。总体规划与详细规划之间的衔接问题是我国规划体系运行中一个长期存在且尚未得到解决的关键问题。

前置的详细规划前期研究和后置的规划实施评估是确保总体规划和详细规划衔接和传导不可或缺的技术环节。在详细规划编制之前，必须加强整体的单元控制，否则会出现局部合理而整体悖谬的现象。具体可以从以下两个方面开展：一方面，要在详细规划编制前开展前置研究工作，将总体规划中的核心控制内容分解传导，对功能布局、空间结构等进行细化，开展强度分区、总体城市设计等研究，以及综合交通、公用设施、用途管制、特殊政策区等全局性的专题研究，做好与专项规划的衔接，为详细规划的编制提供科学依据；另一方面，要在规划实施过程中同步开展总体规划和详细规划的评估工作，并建立相互反馈和调整机制，根据评估结果对总体规划、"总—详"传导进行调整反馈，以实现对"总—详"传导和规划实施动态的跟踪，保障总体规划和详细规划的联动。

国土空间总体规划与详细规划的传导衔接，已有大量地方层面的创新和实践。比如，北京提出了"总体规划—分区规划—街区指引—街区详细规划—综合实施方案"的规划传导体系，在详细规划编制的方式上探索从传统的"一次性"编制到地块深度转变为以街区为基本单元编制和管控。上海结合总体规划的实施，将原规划体系中的分区规划和单元规划合并为新的单元规划，加强对详细规划的管控。广州探索"市域—片区—组团—单元"的"总—详"联动体系，以单元详细规划作为中间传导层级，实现规划的逐级分解落实。重庆通过"市域—区县行政区—规划单元—街区—地块"层层递进的网格化单元来分解落实总体规划，在详细规划中探索图则、导则、规则的结合使用，并通过"流量池"[1]和"指标银行管理"[2]等方式来提升详细规划的适用性。

2. 向下传导管控：重点突出详细规划的滚动实施和动态维护机制

面向规划实施是详细规划改革的重要任务，详细规划的"能用、管用、好用"体现在能够与城市发展的动态性和不确定性相适应，在保障国土空间总体规划传导落实的同时，为实施层面的详细规划管理提供一定的灵活性。从建立一种动态的规划运行模式来说，需要形成规划实施过程中的动态协调反馈机制，以确保各类规划间的及时联动和详细规划实施与总体目标的相符。

行动规划是在时间维度衔接战略性规划和实施性规划的重要载体，因此，需要高度重视详细规划与行动规划的关系，通过行动规划和规划实施不断优化详细规划

---

1. 重庆制定建筑总量管控细则，建立单元范围内的建筑总量"流量池"，协同相关部门共同制定项目建设计划，并与年度土地整治和供应计划相结合，通过总量"流量池"的管控实现建筑量在时间上有序释放和空间上精准投放。
2. 重庆借鉴"地票"相关经验，研究提出用地与建筑量"指标银行"，探索建立用地与建筑量的增减挂钩机制以及新、旧区和跨区域转移机制。

管控内容，构建起一套与规划改革目标相适应的"多规合一"机制。

实施评估则是衔接总体规划与规划行动，以及规划实施目标与规划实施过程的关键环节。详细规划的实施评估应从规划实施和动态运行的角度出发，确定总体、单元、地块层面不同的监测评估内容及指标，支撑形成各层次规划在编制和实施过程中的相互协调反馈机制。

1.2 详细规划的编制层次

1.2.1 单元层面详细规划

1. 单元层面详细规划的编制范围

单元层面详细规划以详细规划单元为编制范围，可以统一编制或分片区编制。详细规划单元，指的是在城镇开发边界内和城镇开发边界外与城镇功能密切相关的紧邻区域中，统一划定的开展详细规划编制管理和实施监督的基本空间单元，其边界一般以行政区划为基础，综合考虑线性交通及自然地理要素，衔接总体规划的规划分区、既有详细规划单元，统筹考虑用地权属、匹配管理事权与发展需求，统筹考虑人口规模、交通容量、公共服务设施支撑、市政公用设施的系统性要求，按照互不重叠、无缝衔接的原则划定。详细规划单元在国土空间规划中主要发挥三个方面的作用：①作为总体规划传导和实施规划管理的基本单元；②作为要素统筹的基本单元，发挥"多规合一"的平台作用；③作为开展规划实施评估、空间绩效评价的基本单元。

2. 单元层面详细规划的内容

单元层面详细规划一般包括以下内容：①单元发展目标及功能定位；②单元的规模和结构控制，包括确定单元规划人口规模、总建设用地规模和总建筑规模，确定建设用地结构、明确经营性用地及设施类用地（公共管理与公共服务用地、公用设施用地）的规模，确定居住建筑、商业服务业建筑以及设施类建筑规模等；③单元总体空间结构和用地布局，提出主要功能分区，布局居住区级以上公共中心体系，明确用地布局；④住房和公共服务设施规划，确定单元内住宅总供应规模和布局要求，明确各类公共服务设施的布局及管控内容；⑤绿地和开敞空间规划，确定绿地和开敞空间用地控制要求和空间布局，明确公园绿地、广场、水系网络的管控内容；⑥综合交通、市政公用设施、综合防灾、地下空间、竖向规划等支撑体系规划；⑦城市设计指引，明确景观风貌、公共空间、建筑形态等方面的设计要求，确定重要开敞空间和公共活动通道；⑧其他内容，包括历史文化保护、土地综合整治、生态修复等。

3. 单元层面详细规划的管控

单元层面详细规划的控制方式一般分为实线控制和虚线控制两种。实线控制，即刚性控制，是指不得更改地块或设施的位置、边界、形状、建设规模、建设内容。虚线控制是指不得更改地块或设施的建设规模和建设内容，但位置、边界、形状、数量可以根据具体情况进行调整。可根据需要对部分用地采取"通则+指标"或"点位"控制的方式实现弹性控制。

单元层面详细规划的管控内容主要包括：①各类控制线、空间布局要求、约束性指标等总体规划的传导内容；②单元主导功能、建设用地边界、道路网络、绿地和开敞空间布局、公共中心、重要景观功能廊道走向等单元总体控制内容；③建设用地总面积、总建筑面积、地上居住建筑总规模，公益性公共服务设施、公用基础设施、绿地与开敞空间总规模，路网密度等单元总量控制内容；④公益性公共服务设施、道路、绿地与开敞空间、公用基础设施、水体、历史文化保护范围等重点控制要素。

1.2.2 地块（实施）层面详细规划

1. 地块（实施）层面详细规划的编制范围

地块（实施）层面详细规划可以单块或多块宗地为范围编制。地块（实施）层面详细规划的编制范围应在单元层面详细规划中划定。地块（实施）层面详细规划编制范围的划定应在综合分析单元底线管控、功能定位、结构优化的基础上，统筹考虑宗地权属、市政交通、自然环境、历史文化资源、经济和社会效益等，避免产生畸零宗地。其中，新开发地区可根据规划意图划分地块，地块规模应与区位、土地用途、开发控制、路网密度等要求相适应。

2. 地块（实施）层面详细规划的主要内容

地块（实施）层面详细规划应以单元层面详细规划为依据，根据发展和管理的实际需求编制，也可结合具体情况和精细化管理要求探索多样化的编制内容。

一般而言，地块（实施）层面详细规划的主要内容包括：①确定规划范围内不同性质用地的界线，明确土地使用兼容性的管控要求，确定混合用地中不同使用性质建筑的规模比例；②确定各地块建筑高度、建筑密度、容积率、绿地率等控制指标；③确定公共设施配套要求、交通出入口方位、停车泊位、建筑后退红线距离等要求；④提出各地块的建筑体量、体型、色彩等城市设计指导原则；⑤开展交通需求分析和影响评价，确定地块出入口位置、停车泊位、公共交通场站用地范围和站点位置、步行交通以及其他交通设施；⑥规定各级道路的红线、断面、交叉口形式及渠化措施、控制点坐标和标高；⑦根据规划建设容量，确定市政工程管线位置、管径和工程设施的用地界线，进行管线综合；⑧确定地下空间用地功能、建筑面积、空间边界、出入口位置等开发利用的具体要求。

3. 地块（实施）层面详细规划的管控

地块（实施）层面详细规划刚性控制内容包括：规划范围内建设用地面积，地块用地性质及混合、兼容性要求，地块容积率，地块建筑高度、建筑密度，绿地与开敞空间"四至"范围，各类配建设施规模、数量、等级、"四至"范围，各级历史文化区保护范围和要求等。

居住总人口，地上、地下建筑规模，城市设计意向、建筑平面布局等作为地块（实施）层面详细规划的弹性引导内容。弹性引导内容可结合规划管理需要，择项纳入刚性控制内容中。

1.3 详细规划的编制类型与重点内容

国土空间详细规划从传统详细规划针对的城市内部拓展到城镇开发边界以外地区，内容范畴从国有土地的开发控制走向对全域全要素的规划管理，这是国土空间详细规划肩负的新使命，也是规划体系重构中的重点和难点。

空间对象的多元性决定了详细规划编制和管理的差异性，需要区分城镇地区、乡村地区、生态地区等的差异，采用差别化的编制方法和技术标准；也要根据不同单元本身的特性，选择针对性的管控要素和策略重点。《自然资源部关于加强国土空间详细规划工作的通知》中也强调了"分区分类推进详细规划编制"。"分区"强调差异性，在城镇开发边界内外的不同区域，可以探索差异化的详细规划编制管理方法；"分类"强调针对性，各地可根据新城建设、城市更新、乡村建设、自然和历史文化资源保护利用的需求和产城融合、城乡融合、区域一体、绿色发展等要求，因地制宜划分不同单元类型。

城镇开发边界内的详细规划，按照功能类型可以划分为商业功能区详细规划、商务功能区详细规划、产业园区详细规划、居住区详细规划、交通枢纽功能区详细规划、历史街区详细规划等；按照地域类型可以划分为中心区详细规划、城市新区详细规划、城乡融合地区详细规划和镇区详细规划等。城镇开发边界内的详细规划编制的重点内容主要包括要素传导落实、用地功能管控、空间布局、公共设施布局管控、绿地与开放空间管控、综合交通管控、市政设施布局管控、城市设计引导以及地下空间开发和历史保护等。

相比于城镇建设区域，乡村地区的地域差异性大，需要考虑的要素也更加复杂。乡村地区的详细规划工作一方面要注意其与城市建设地区详细规划的差异性，另一方面也要充分关注乡村地区详细规划本身在空间尺度、编制方法、管控策略等方面的不同。《若干意见》指出，在城镇开发边界外的乡村地区编制"多规合一"的实用性村庄规划作为详细规划，该尺度的规划包含乡村发展维度的产业振兴、空间维度的资源管控、开发建设维度的详细设计与土地整治等多个维度的工作，但上述多维度的工作并非法定村庄规划的规定性内容。乡村居民点等建设空间的详细规划编制的重点内容同城镇开发边界内详细规划；乡村居民点以外的非建设空间采取用途准入管理为主，因此其详细规划编制的重点内容主要是规划分区；对于一些不确定的项目选址，可以采取虚位标示[1]的处理办法。

随着详细规划的管理范围扩展到全域全要素，详细规划的类型将有所拓展，从建设空间到农业空间、生态空间等功能空间均可根据需要编制详细规划。自然保护地、风景名胜区、海洋空间、矿区、国有农林牧场及历史文化遗址地区等均可因地制宜探索详细规划编制模式。

如自然保护地等生态单元详细规划编制的重点内容应以各类生态评价的结果为参考，体现生态系统和主导生态功能的完整性，综合考虑各类生境规模、植被群落规模、标准规范等，划分不同类型的管控单元、建立相对应的精细化详细规划管控规则并明确管理或实施的主体。矿产能源发展区的详细规划编制的重点内容应充分考虑自然资源部对"净矿权"管理的改革要求，结合矿产能源开采工艺，强化地上和地下空间要素的复合管控，重点突出矿山地质环境要素管控，为"开采—监测—修复"的闭环式管理提供支撑。海洋空间详细规划编制的重点内容应把握海陆生态

---

1. 所谓"虚位标示"指框定比实际用地需求大很多的选址范围线，待项目明确后，在该范围内具体选址。

系统整体性和海陆开发利用活动关联性，综合考虑陆域用地和功能组团对海洋功能的需求，统筹协调海陆功能分区，以多种方式强化对重点领域用海项目的空间服务保障，促进空间管理、资源环境保护等项目，全方位实现陆海协同。

1.4 详细规划编制的组织程序

1.4.1 编制工作组织

详细规划由城市、县人民政府的城乡规划主管部门和镇人民政府组织编制，具有规划编制资质的单位为承担方。按常规委托的详细规划项目，编制工作一般分为五个阶段：项目准备阶段、规划前期研究阶段、方案形成阶段、成果编制阶段和实施管理阶段。

项目准备阶段，编制单位需熟悉合同文本，了解项目委托方情况和项目需求，制定合理的项目编制工作计划和技术路线，完成现场踏勘调查、基础资料收集和统一底图底数等基础准备工作。

规划前期研究阶段包括国土空间总体规划解读、既有详细规划评估、基地现状分析以及相关专题研究等环节。

方案形成阶段一般要经过构思、协调、修改、反馈的过程，包括方案的比较、交流、修改和反馈等环节，结果需要满足公众参与要求（详见本书1.4.5相关内容）。

成果编制阶段应以用地控制和规划管理为重点，体现详细规划在空间治理中的政策工具作用，形成符合要求的文本、图集、数据库和附件等完整成果，并满足公众参与要求。

实施管理阶段包括详细规划的审批、实施管理、实施评估、监测预警和动态维护等环节。

1.4.2 基础准备工作

1. 现场踏勘调查

现场踏勘调查是指在规划编制开始前，对规划范围进行实地勘查和调查的活动。现场踏勘的内容非常丰富，包括地理环境（地理位置、自然地貌、气候条件等）、土地条件（土壤类型、土地利用、土地所有权等）、生态环境（植被覆盖、野生动物、环境保护等）、人文环境（人口分布、文化遗产等）、交通条件（铁路、机场、港口、高速公路、国道等）等多个方面，需要对这些方面进行全面的调查和记录，为后续的规划编制工作提供准确的参考和依据。其中，现场踏勘调查数据可通过基础测绘、遥感影像、地理国情普查、地籍调查、实地补充调查等多种方式方法获取。

基础测绘是通过国家基础航空影像，获取基础地理信息的遥感资料，绘制国家基本比例地图、影像图和数字化产品，建立基础地理信息系统。通过全国统一的基础测绘，可以反映详细规划研究范围内的地物、地貌特征以及地物之间的相互关系，能够反映国土资源的分布情况。

遥感影像是指通过卫星或航空器获得的地球表面的经过处理分析的图像信息。通过对遥感信息的分析研究，可以确定地物的属性和相互关系。通过遥感影像可以识别详细规划研究范围的农业、林业、水资源和矿产资源等自然资源，也可以识别城市规划与发展情况、土地利用类型与强度等信息。

地理国情是国情的重要部分，广义上指的是通过地理空间属性将包括自然环境与自然资源、科技教育情况、经济发展状况、社会状况、文化传统等在内的各类国情进行关联与分析，得出能够深入揭示经济社会发展的时空演变过程和内在关系的综合国情；狭义上指的是与地理空间紧密相关的自然环境、自然资源基本情况和特征的总和。地理国情普查指对地表自然、生态以及人类活动基本情况的调查，全面获取地理国情信息，为自然和人文地理要素的空间分布、特征和相互关系的分析提供基本依据。通过地理国情普查可以掌握详细规划研究范围内的自然地理要素和人文地理要素的基本情况，同时掌握其空间分布情况。自然地理要素包括地形地貌、植被覆盖、水域、荒漠与裸露地等的类别、位置、范围、面积等信息；人文地理要素包括与人类活动密切相关的交通网络、居民地与设施、地理单元等的类别、位置、范围等。

地籍调查是指依照国家的规定，通过权属调查和地籍测量，查明宗地的权属、界址线、面积、数量、质量、用途和位置等情况，形成数据、图件、表册等调查资料，从而为土地注册登记、核发证书提供依据的一项技术性工作。地籍调查是土地登记的基础工作，其资料成果经土地登记后，具有法律效力。地籍调查的基本单元是宗地，是被权属界址线所封闭的地块，可以通过地籍调查掌握详细规划研究范围内宗地的权属、用途、质量等基本情况，为土地使用情况的确定及建筑保留、改造、拆除分析等提供资料及相关信息。

实地补充调查是指在初步梳理分析现状资料后，通过对规划对象进行实地走访、观察和交流，对相关部门和主要利益相关者等进行人物访谈，对场地进行实地走访记录、无人机拍照等方式获取相关文字、照片、视频等信息，了解客观情况和真实需求。在进行实地调研时，需要有明确的目的和计划，以确保收集到的信息具有可靠性和有效性。

2. 统一底图底数

详细规划在进行现状研究、既有详细规划评估与基地分析前，需编制底图形成坐标一致、边界吻合、上下贯通的现状底图底数。根据《国土空间调查、规划、用途管制用地用海分类指南》，编制者应结合规划许可、地籍和不动产登记等数据资料，以最新年度全国国土调查和年度国土变更调查成果为基础，结合基础测绘、遥感影像、地形数据、地理国情普查以及实地补充调查，补充细化各类设施的相关信息，形成比例尺不小于1∶2 000的以二级类和三级类为主的土地利用现状数据和工作底图，其中城乡建设用地集中区域的比例尺宜不小于1∶1 000。

1.4.3 规划前期研究工作

1. 国土空间总体规划解读

在前期研究工作中，应落实国土空间总体规划确定的规划分区、空间布局、各类控制线、规划指标等内容，细化历史文化保护、绿地与开敞空间、交通设施、公共服务设施、市政公用设施、防灾减灾设施等内容，尤其对城市"四线"管控强制性内容予以落实。

2. 既有详细规划评估

在开展国土空间详细规划编制工作前，应针对既有的依法批准的详细规划进行评估，紧紧围绕"严守资源安全底线、优化国土空间格局、促进绿色低碳发展、维护资源资产权益"的工作定位，梳理总结既有详细规划在传导国土空间总体规划、实施用途管制、指导开发建设中的实施效果、问题和短板，围绕底线管控、功能布局、安全韧性、民生保障、空间品质、重大项目保障等方面的内容，提出优化完善的建议和措施。此外，可以充分利用国土空间规划城市体检评估、国土空间总体规划专题研究、资源环境承载能力与国土空间开发适宜性评价、地质灾害调查等已有的工作成果，提升评估的效率与准确性，评估成果可作为制定详细规划编制计划和开展编制工作的重要依据。

3. 基地现状分析

详细规划编制应对基地所在区位的发展情况、基地历史沿革与现状基本情况、已批和在编相关规划等展开基础资料收集、现场调查和现状分析，形成基础资料汇编和分析报告。

现状基本情况应以现势地形图为基础，对现状的用地、建筑使用类型、人口分布、配套设施（公共服务设施、道路交通设施、市政基础设施、安全设施等）、历史文化资源等进行基础资料收集，通过对基地及周边的现场踏勘调查进行复验与资料补充，对资料收集中缺失的部分进行补充，对与资料收集有出入的部分进行标注。其中，现状用地分析应针对用地性质、用地权属、用地规模、环保情况、安全状况等方面进行分析研究；现状建筑情况应以宗地为基本单位，梳理研究范围内的总建筑面积、建筑高度、建设年代等；现状人口分析应根据规划编制要求，协调有关机构和部门，调查分析常住人口、暂住人口、流动人口及空间分布情况、就业岗位情况；现状配套设施分析应以详细规划单元为基本单元标注空间位置，统计各类公共服务、交通、市政、安全等设施的数量和规模，收集气象、防洪、抗震、人防、应急避难、消防等防灾设施的相关资料并开展分析研究；历史文化资源情况应梳理总结风景名胜区、风貌保护区、名镇名村、文物古迹、风貌建筑等用地的"四至"范围、等级、规模等信息。

总而言之，基地现状分析应基于现状调查，依据上位规划，研究分析基地区位条件与基地内的用地、交通、生态环境、历史风貌、基础设施等资源条件，总结基地现状问题与现状优势，在此基础上研判基地发展方向，从规划的合理性和可实施性出发，确定规划有效期内的可开发改造用地，确定保留、更新、新建等实施类型与基本途径。

4. 相关专题研究

国土空间详细规划编制前，应根据实际需求开展关键议题和重点问题的相关专题研究，形成专题研究报告。其中，应加强空间形态和城市风貌研究，在总体规划中规定的开发强度和建筑高度分区的基础上，结合城市设计成果优化完善相关内容，提出重要的视线廊道、天际轮廓线、街区尺度等风貌管控要求。加强存量用地研究，合理推动低效用地再开发，引导收益分享机制、存量资源转换利用机制等差异化政策激励措施的投放。此外，还应加强产业发展研究，开展现状产业梳理与产业用地需求研究，优化产业空间布局，强化产业空间支撑，引导产业集聚和职住平衡。

1.4.4 编制成果要求

国土空间详细规划成果由法定文件和技术文件组成，以纸质版和电子版两种形式提交。除纸质文件的电子版本外，电子版还应包括数据库。成果涉及的文、图、数应保持一致。

法定文件包括文本和图表两部分。文本是以条款方式的形式，根据规划内容确定的，具有规定性要求的文件。详细规划文本应按照文本样稿编制，可根据项目实际情况进行适度增补、删减和调整。图表是指具有法律效力的规划图件和附表，包括土地使用规划图和用地控制指标表。土地使用规划图基本内容包括用地布局、主导用地性质、各类设施、控制线等。用地控制指标表基本内容包括街坊编号、地块编号、主导用地性质代码、主导用地性质、用地面积、容积率、建筑密度、绿地率、建筑高度、配套设施、备注等。

技术文件是制定法定文件的基础性文件，可作为规划管理部门执行详细规划的参考文件。技术文件包括说明书和相关文件汇编。其中，说明书包括现状基础资料和现状图纸、规划说明和规划图纸（包括土地使用现状图、道路交通规划图、城市设计指引图等），是对文本内容的说明以及关于详细规划制定背景和过程的解释性文字，作为制定文本和图则的基础技术支撑和解释性技术说明；相关文件汇编包括征求意见情况、公示情况、专家评审情况、行政审查情况、技术审查情况等文件。

1. 文本

文本包括总则、土地使用和开发控制、居住社区与公共服务设施规划、公共设施规划、道路与交通设施规划、市政工程与公用设施规划、城市设计指引、历史文化遗产保护、绿地与广场用地及开敞空间、综合防灾与城市安全设施规划、地下空间利用、规划执行、附则。

2. 图纸

图纸包括普适性图纸（区位图、用地现状图、用地规划图、控制线规划图、生活圈和公共服务设施规划图、绿地系统和开敞空间规划图、道路交通规划图、综合防灾规划图、市政公用设施规划图等）、特色图纸（历史文化保护规划图、城市更新规划图、地下空间规划图和重点地区附加图则等）。

3. 数据库

国土空间详细规划数据库包括基础地理信息要素、分析评价信息要素和国土空间规划信息要素。

4. 技术文件

该部分内容包括规划说明书、相关专题研究报告、相关分析图纸、基础资料汇编等。规划说明书应对规划背景、规划依据原则与指导思想、工作方法与技术路线、现状分析与结论、规划构思、规划设计要点、规划实施建议等内容作系统详尽阐述。相关专题研究报告应针对规划重点问题、重点区段、重点专项进行必要专题分析，提出解决问题的思路、方法和建议，并形成专题研究报告。相关分析图纸包括规划分析、构思、设计过程中必要分析图纸，比例不限。基础资料汇编应对规划编制过程中所采用的基础资料进行整理与汇总。

1.4.5　公众参与要求

1. 方案阶段参与

公众参与的主体是通过公众自愿报名、行政机关按照广泛性和代表性原则筛选产生的。公众参与的主要形式有举行听证会、论证会或座谈会等。鉴于规划的专业性、技术性较强，规划主管部门应对规划决策中难以理解的或专业性的部分进行说明解释，除了通过政府网站公开的方式，还应针对具体情况采取多种方式增强信息的可达性，调动公众参与规划的积极性。

2. 成果阶段公示

在详细规划报批送审前应在政府网站与现场对规划草案进行公示，广泛征求社会各界人士意见和建议，依据《中华人民共和国城乡规划法》，公示持续的时间不得少于三十日。组织编制机关应当充分考虑专家和公众的意见，并在报送审批的材料中附具意见采纳情况及理由。

关键术语

国土空间详细规划、单元层面详细规划、地块（实施）层面详细规划、现场踏勘调查、国土空间详细规划法定文件、公众参与

思考题

1. 请简述国土空间规划体系中详细规划的基本定位。
2. 请简述单元层面详细规划与地块（实施）层面详细规划的关系。
3. 请简述详细规划的编制类型。
4. 请简述国土空间详细规划成果中文本包括哪些内容。
5. 国土空间详细规划编制前需要组织哪些必要的准备工作？

参考文献

[1] 中共中央，国务院.中共中央 国务院关于建立国土空间规划体系并监督实施的若干意见[EB/OL].（2019-05-23）[2024-05-05]. http://www.gov.cn/zhengce/2019-05/23/content_5394187.htm.

[2] 自然资源部.自然资源部关于加强国土空间详细规划工作的通知[EB/OL].（2023-03-23）[2024-05-05].https://www.gov.cn/zhengce/zhengceku/2023-03/25/content_5748273.htm.

[3] 同济大学，天津大学，重庆大学，等.控制性详细规划[M].北京：中国建筑工业出版社，2011.

[4] 中国城市规划学会.中国城乡规划学学科史[M].北京：中国科学技术出版社，2018.

[5] 施卫良.控制性详细规划：法规、政策、技术和管理——2011中国城市规划年会控制性详细规划专题会议学术观点综述[J].城市规划，2011（6）：59-61.

[6] 张尚武，刘振宇，张皓.国土空间规划体系下的详细规划及其运行模式探讨[J].城市规划学刊，2023（4）：12-17.

[7] 张尚武.国土空间规划编制技术体系：顶层架构与关键突破[J].城市规划学刊，2022（5）：45-50.

[8] 张皓，孙施文.规划体系中的一致性及其断裂：以上海中心城为例[J].城市规划学刊，2022（2）：27-34.

[9] 王新哲，杨雨菡，宗立，等.国土空间"总—详"规划空间传导：现实困境、基本逻辑与优化措施[J].城市规划学刊，2023（2）：96-102.

[10] 张尚武，王颖，王新哲，等.构建城市总体规划面向实施的行动机制——上海2040总体规划中《行动规划大纲》编制与思考[J].上海城市规划，2017（4）：33-37.

[11] 白晴，朱东.北京规划综合实施方案：转型时期规划实施管理的探索与实践[J].北京规划建设，2022（4）：153-159.

[12] 陈敦鹏.深圳市国土空间规划标准单元制度探索与思考[J].城市规划，2022，46（9）：13-19+39.

[13] 张立，李雯骐，张尚武.国土空间规划背景下建构乡村规划体系的思考——兼议村庄规划的管控约束与发展导向[J].城市规划学刊，2021（6）：70-77.

[14] 邢文秀，林玉婷，刘大海，等.国土空间规划视角下海洋详细规划基本认知、编制思路与实施路径思考[J].城市规划学刊，2023（4）：95-103.

第 2 章

国土空间用途管制

■ **教学要求**

　　国土空间用途管制是一个多维度的行政干预政策，涵盖了政治、生态、经济、社会和文化多个方面的规制，旨在通过科学和高效的规划，优化土地和其他自然资源的使用，以支持可持续发展和社会经济的稳定增长。本章学习旨在掌握国土空间用途管制的理论内涵，明晰用途管制的目标以及管制工具；明确国土空间单元保护或开发的具体方式，严格管控国土空间开发利用活动，保障国土空间的可持续利用。通过对国土空间用途分类体系的了解以及对城镇建设用地管理、农村建设用地管理、农用地管理以及未利用地管制规则的剖析，熟悉国土空间用途分类管理制度的具体内容。在此基础上，进一步从国土空间分区体系构建的视角，了解国土空间分区管理制度，明确不同区域的主导功能与分区管制规则。

2.1　国土空间用途管制概述

2.1.1　国土空间用途管制内涵

　　改革开放以来，中国的城市化进程加速，土地资源供需矛盾不断激化，为保护农用地特别是耕地资源，建立了土地用途管制制度，其在管控建设用地扩张与保护耕地资源方面发挥了重要作用。为顺应高质量发展与生态文明建设新需求，2024年，党的二十届三中全会决定"建立健全覆盖全域全类型、统一衔接的国土空间用途管制和规划许可制度"，将土地用途管制拓展到全部国土空间。这意味着新时代国土空间用途管制将在"山水林田湖草生命共同体"理念的指导下，摒弃原有的各要素分部门管理、分别保护的割裂体制，通过推进所有国土空间全要素统一管控，强化山水林田湖草等各要素之间的内在联系，实现了系统化、整体化思路，从而满足生态文明制度体系"统筹兼顾、整体把握"的总体要求。

国土空间用途管制是社会经济发展到新阶段保护和合理利用自然资源的必然抉择，但何为国土空间用途管制，学术界存在不同的看法。综合各家观点，可以将国土空间用途管制定义为：国土空间用途管制是政府部门在一系列具有强制力的管制规则的帮助下，控制个人或相关组织开发、利用和保护国土空间和自然资源的活动的机制设计与制度安排[1]。国土空间用途管制本质是通过行政管理权力配置国土空间资源的过程，即国土空间资源配置与管制权力运行的复合运动过程。"空间管制"是为制约人类几乎无限的开发建设欲望，对空间资源施以的管理或管制[2]。国土空间的位置固定属性，决定了配置的方式主要是通过对国土空间资源发展权的分配来调节国土空间的利用时序、利用方式以及利用程度，其中以用途为代表的利用方式管制是关键。国土空间用途管制的依据与基础是"多规合一"的国土空间规划，空间分区、用途分类与审批许可是国土空间用途管制的主要手段。

2.1.2 国土空间用途管制目标

在面对全球化挑战和环境压力的今天，国土空间用途管制显得尤为重要。它不仅是国家可持续发展战略的核心工具，也是平衡经济发展与生态保护的关键。通过合理配置空间资源、保护和修复生态系统、提高治理的科学性，国土空间用途管制通过优化土地和其他自然资源的使用，实现社会经济的稳定增长与环境的可持续性。

1. 合理配置空间资源

实现空间资源的合理配置是国土空间用途管制的核心目标之一，旨在通过科学和高效的规划，优化土地和其他自然资源的使用，以支持可持续发展和社会经济的稳定增长。这一目标关注的是，如何在最大化资源的效益的同时减少环境影响和资源浪费。实现空间资源合理配置的关键包括以下三个方面：①划分国土空

---

1. 易宗林. 国土空间用途管制：内涵解构、制度变迁与体系重构[D]. 南京：南京农业大学，2023.
2. 林坚，许超诣. 土地发展权、空间管制与规划协同[J]. 城市规划，2014，38（1）：26-34.

间用途分区，通过国土空间规划，科学划分生产空间、生活空间和生态空间，这涉及农用地、城乡居住用地、工业用地和生态保护区的合理布局，以确保每一类用地都能在不破坏生态平衡的前提下，发挥其最大的经济和社会效益；②优化自然资源利用方式，提高土地和水资源的利用效率是合理配置的重要组成部分，其中包括推广节水和节地技术、优化农业种植结构、推动工业园区和住宅区的集约化开发、减少对新增土地的需求，同时提高现有土地的利用效率和生产力；③国土空间的合理配置必须确保足够的区域被划分为生态保护区来维持生物多样性和生态系统服务（如水源涵养、空气净化等），这包括通过法律和政策措施保护关键的湿地、森林和其他脆弱生态系统，防止因过度开发而造成的环境破坏与生态退化。

综合来看，实现空间资源的合理配置重要高度的战略规划和多方面的协调，涉及多个政策领域和行政部门的合作。通过科学的规划和管理，不仅可以提高资源使用的效率和生产力，还可以保护和增强生态系统的功能，从而支持经济的持续增长和增进社会的长期福祉。

2. 保护和修复生态系统

保护和修复自然生态系统也是国土空间用途管制的核心目标，关键在于确保生态系统的完整性和原真性，从而维持生物多样性、水资源的纯净和土地的生产力。这一目标的实现对于应对气候变化、保障食水安全、维持自然资源的可持续供应具有至关重要的作用。

自然生态系统为人类社会提供了清洁的空气、水资源、肥沃的土地以及应对自然灾害的缓冲能力。随着人口增长和工业活动的扩张，自然生态系统承受了前所未有的压力，导致生物栖息地的丧失和生物多样性的急剧下降。此外，生态系统的退化加剧了气候变化，反过来又影响了人类的生活质量和经济发展。

生态保护红线划定是用途管制中的一种策略，通过划定和严守生态敏感区域和关键生态功能区的界限，保护重要的水源涵养区、生物多样性丰富的区域和其他具有重要生态服务功能的区域不受破坏。例如，对湿地、森林、草原和其他重要生态区域的保护，不仅有助于维持生态平衡，还可以支持农业、旅游等其他依赖自然资源的产业。

3. 提高治理的科学性

提高国土空间治理的科学性和精确性是实现有效国土空间管理和可持续发展

的关键。这一目标强调通过现代化的技术手段和科学方法，优化决策过程，提升管理效率和精确性，提高治理的科学性主要在于两个方面。一方面要利用先进技术，依赖于高质量数据提升现代国土空间治理水平。比如，通过利用地理信息系统（GIS）、遥感技术、卫星监测和其他智能化工具，政府可以获得关于土地利用、环境变化、资源分布等方面实时、准确的数据。这些数据不仅有助于实时监控国土空间的使用状态，还能预测未来的发展趋势，为制定科学的规划和政策提供支持。

另一方面，要强化空间规划的科学性。国土空间规划必须基于全面的科学研究和数据分析，确保规划设计符合可持续发展的原则。规划应当综合考虑生态保护、经济发展、社会需求和文化价值等多重因素，合理划分生产空间、生活空间和生态空间，优化空间布局，这包括但不限于城市扩展、交通网络规划、灾害风险评估和农业开发等领域。

总体来说，提高国土空间治理的科学性和精确性，不仅需要先进的技术和数据支撑，还需要强化科学规划方法、提高决策透明度和公众参与度，以及培养多学科的专业团队。通过这些综合措施，可以有效地实现国土空间资源的可持续管理和利用，促进社会经济的健康发展[1]。

2.1.3 国土空间用途管制工具

"分区分类"等各类标准是国土空间用途管制的基础性工具，与各类标准相配套的用途管制政策是实现国土空间用途管制的主要手段。国土空间用途管制工具是实现有效管理和规划国土资源的关键方法和手段，用于指导、控制和优化国土空间的开发与保护。在详细规划中，分区分类及配套的各类政策为国土资源的合理利用提供了法律和技术框架，确保空间资源得到系统和科学的管理。通过这些规划工具可以系统地引导和控制国土空间的开发与利用，保障社会经济活动的空间需求与环境保护之间达到平衡，促进区域内部的协调发展。空间规划编制不仅需要高度的技术专业性，还需政策制定者的前瞻性和创新能力，以应对快速变化的社会经济环境和持续演变的生态系统挑战。

详细规划是在总体规划基础上更进一步细化的规划，通常针对特定的小区域或项目，如市政工程、住宅区、商业区等。详细规划具体明确了土地分区、用途、建

---

1. 陈磊，姜海. 国土空间规划：发展历程、治理现状与管制策略［J］. 中国农业资源与区划，2021，42（2）：61-68.

设密度、建筑高度、绿地配置、交通系统等细节，确保开发活动在与总体规划的框架保持一致的情况下进行，同时满足具体功能区的特定需求。

1. 规划分区的主要类型

规划分区主要包括生态空间、农业空间和城镇空间三种类型。

1）生态空间

这些区域通常被划定为生态敏感和重要的区域，如湿地、森林、水源保护区等。生态空间的主要目标是保持生态系统的完整性，保护生物多样性，维护生态平衡。在这些区域内，限制或禁止任何可能对生态造成破坏的活动。生态空间可以进一步划分为以下四类。

保护区域：主要包括自然保护区、国家公园、生态保护区等。这些区域重点保护生物多样性和独特的自然景观。

缓冲区域：位于保护区域周边，用以减少人类活动对核心保护区的影响，如生态过渡带或生态廊道。

恢复区域：主要针对已受破坏的生态系统，实施生态恢复项目，如退耕还林、湿地恢复等。

限制开发区：限制大规模开发活动，允许的开发活动必须符合生态可持续的原则。

2）农业空间

指定为农业空间的土地主要用于农作物的种植和其他农业活动。这类分区旨在保护农业土地不被非农业开发侵占，保障粮食安全和农业可持续发展。农业空间可以细分为以下四种。

粮食生产区：专门用于稻米、小麦等主要粮食作物的种植，保障国家粮食安全。

经济作物区：用于种植经济价值较高的作物，如茶叶、果树、中药材等。

畜牧区：主要用于养殖业，如牧场和养殖场，包括草地和供畜牧用的耕地。

农业保护区：其设立旨在保护珍贵的农业遗产和传统农业技术，如古老的灌溉系统或特有的耕作方法。

3）城镇空间

城镇空间包括住宅区、商业区和工业区等，这些区域的规划旨在支持城市化发展，优化居住环境，促进经济活动，同时合理安排公共设施和服务，提高居民生活质量。城镇空间可以进一步分为以下四种。

居住区：主要包括住宅小区、别墅区等，侧重于提供舒适的居住环境。
商业区：集中设施如商铺、办公楼、购物中心等，是城市的经济活动中心。
工业区：专门用于工厂和生产设施的区域，以降低对居住区的环境影响。
混合用途区：结合居住、商业和娱乐设施的多功能区域，促进区域内的活力和便利性。

2. 规划分区的实施与管理

实施规划分区需要通过法规和政策明确每一区域的使用限制和许可条件。

规划制定：基于详细的地理和社会经济数据，科学制定用途分区计划，确保每一类型的土地用途都能满足长远的发展需求。

政策支持：通过立法和行政措施支持用途分区的实施，如颁布土地使用法、环境保护法等，设定清晰的法律后果和执行标准。

持续监督：建立监督机制，定期检查用途分区的实施情况，根据发展变化和政策目标对规划进行必要的调整。

规划分区是一种有效的空间管理工具，通过合理划分和专业管理，可以最大限度地发挥土地资源的潜力，同时保护环境和社会价值，这要求政策制定者、规划师和管理者具有高度的责任感和专业知识，以确保规划分区的科学性和实用性。

3. 规划分类的主要类型

不同分类体系可能会由于分类划分依据的差异对分类依据有不同界定，最普遍的是以土地使用功能为划分依据，划分类型主要包括建设用地、农用地、未利用地三种。

为了履行"两统一"职责，自然资源部于2020年11月发布了《国土空间调查、规划、用途管制用地用海分类指南（试行）》。分类采用三级分类体系，包含24种一级类、106种二级类及39种三级类。经过三年试行，结合自然资源调查监测、国土空间规划编制及"三区三线"划定、国土空间用途管制、耕地保护监督、自然资源开发利用、用地用海审批和执法监管的实际需要，自然资源部于2023年11月修订并正式印发了《国土空间调查、规划、用途管制用地用海分类指南》，用地用海分类调整为24种一级类、113种二级类及140种三级类。用地用海分类体系规定了地下空间用途分类及表达方式。一、二、三级分类根据功能层层细分，形成树型结构体系，详细规划主要涉及的建设用地的一、二、三级分类如下表。

表2-1　详细规划主要涉及的建设用地类型

一级类		二级类		三级类	
代码	名称	代码	名称	代码	名称
06	农业设施建设用地	0601	农村道路	060101	村道用地
				060102	田间道
		0602	设施农用地	060201	种植设施建设用地
				060202	畜禽养殖设施建设用地
				060203	水产养殖设施建设用地
07	居住用地	0701	城镇住宅用地	070101	一类城镇住宅用地
				070102	二类城镇住宅用地
				070103	三类城镇住宅用地
		0702	城镇社区服务设施用地	—	—
		0703	农村宅基地	070301	一类农村宅基地
				070302	二类农村宅基地
		0704	农村社区服务设施用地	—	—
08	公共管理与公共服务用地	0801	机关团体用地	—	—
		0802	科研用地	—	—
		0803	文化用地	080301	图书与展览用地
				080302	文化活动用地
		0804	教育用地	080401	高等教育用地
				080402	中等职业教育用地
				080403	中小学用地
				080404	幼儿园用地
				080405	其他教育用地
		0805	体育用地	080501	体育场馆用地
				080502	体育训练用地
		0806	医疗卫生用地	080601	医院用地
				080602	基层医疗卫生设施用地
				080603	公共卫生用地
		0807	社会福利用地	080701	老年人社会福利用地
				080702	儿童社会福利用地
				080703	残疾人社会福利用地
				080704	其他社会福利用地

续表

一级类		二级类		三级类	
代码	名称	代码	名称	代码	名称
09	商业服务业用地	0901	商业用地	090101	零售商业用地
				090102	批发市场用地
				090103	餐饮用地
				090104	旅馆用地
				090105	公用设施营业网点用地
		0902	商务金融用地	—	—
		0903	娱乐用地	—	—
		0904	其他商业服务业用地	—	—
10	工矿用地	1001	工业用地	100101	一类工业用地
				100102	二类工业用地
				100103	三类工业用地
		1002	采矿用地	—	—
		1003	盐田	—	—
11	仓储用地	1101	物流仓储用地	110101	一类物流仓储用地
				110102	二类物流仓储用地
				110103	三类物流仓储用地
		1102	储备库用地	—	—
12	交通运输用地	1201	铁路用地	—	—
		1202	公路用地	—	—
		1203	机场用地	—	—
		1204	港口码头用地	—	—
		1205	管道运输用地	—	—
		1206	城市轨道交通用地	—	—
		1207	城镇村道路用地	—	—
		1208	交通场站用地	120801	对外交通场站用地
				120802	公共交通场站用地
				120803	社会停车场用地
		1209	其他交通设施用地	—	—

续表

一级类		二级类		三级类	
代码	名称	代码	名称	代码	名称
13	公用设施用地	1301	供水用地	—	—
		1302	排水用地	—	—
		1303	供电用地	—	—
		1304	供燃气用地	—	—
		1305	供热用地	—	—
		1306	通信用地	—	—
		1307	邮政用地	—	—
		1308	广播电视设施用地	—	—
		1309	环卫用地	—	—
		1310	消防用地	—	—
		1311	水工设施用地	—	—
		1312	其他公用设施用地	—	—
14	绿地与开敞空间用地	1401	公园绿地	—	—
		1402	防护绿地	—	—
		1403	广场用地	—	—
15	特殊用地	1501	军事设施用地	—	—
		1502	使领馆用地	—	—
		1503	宗教用地	—	—
		1504	文物古迹用地	—	—
		1505	监教场所用地	—	—
		1506	殡葬用地	—	—
		1507	其他特殊用地	—	—
16	留白用地		—		—

资料来源：自然资源部，《国土空间调查、规划、用途管制用地用海分类指南》（自然资发〔2023〕234号）。

4. 控制线设置

控制线设置是国土空间用途管制的一项重要工具，旨在通过明确划定特定区域的界限，对不同类型的土地使用施加具体的限制。控制线的设定是为了帮助保护重要的自然资源和文化遗产，限制无序扩张和过度开发，同时促进可持续的土地管理和环境保护。

1）主要类型的控制线

生态保护红线： 划定用来保护关键的生态功能区和敏感生态系统的界限。这些区域可能包括重要的水源地、珍稀生物栖息地、关键的自然景观等。在红线区域内，严格限制开发活动，以维护生态平衡和生物多样性。

永久基本农田保护线： 为了确保国家粮食安全和农业持续发展，永久基本农田保护线划定了不得转为非农业用途的高质量农田。这些区域通常具有良好的耕作条件和重要的粮食生产功能，是国家粮食安全的基础。

城镇开发边界线： 用于控制城市的无序扩张和过度开发，通过科学规划城市发展区域，优化土地资源的使用，保护周边农田和自然环境，同时合理配置公共服务和基础设施。

与上述三线相对应的是城市四线控制，包括城市绿线、城市蓝线、城市黄线和城市紫线，具体内容在本书 3.1 中有详细阐释。

2）控制线实施和管理

控制线的设定和实施涉及多个步骤和考虑因素。

科学评估： 在设定控制线之前，需要进行详细的环境影响评估和土地评估，确保控制线的位置和范围能有效保护关键资源和控制开发强度。

法规支持： 控制线的设定通常需要地方或国家级的法律支持。相关法律应明确控制线的法律地位和违反控制线规定的法律后果，确保控制线得到严格执行。

政策整合： 控制线政策需要与土地使用规划、环境保护政策和城乡发展政策等其他政策协调一致，形成综合的管理策略。

持续监控： 设立控制线后，需要定期监控其效果，并根据实际情况和政策目标的变化进行必要的调整。

5. 指标控制

开发强度控制： 旨在规定特定区域内允许的建设比例和密度，防止过于密集的开发对生态和环境造成不可逆转的影响。这通常包括建筑面积比例、建筑高度限制和绿地比率等指标的制定，确保开发活动在生态承载能力范围内进行。

开发速度调节： 该指标关注的是开发活动的时间框架，确保开发速度与区域内基础设施建设、社会服务供应及生态恢复能力相匹配。通过控制开发序列和时间表，可以更好地实现经济发展与环境保护的平衡。

灵活的调整机制： 为应对未来变化或现有政策执行中出现的新问题，规模管控策略需要灵活的调整机制。这包括定期的政策评估、实时监测数据的反馈以及对策略的即时修正，确保管控措施能够适应环境变化和社会经济发展的需要。

通过这些规模管控工具，国土空间规划可以系统地引导和控制国土空间的开发与利用，确保各类开发活动在不破坏生态系统完整性和功能的前提下，促进区域的经济社会发展并维护生态平衡。

控制线可以有效地指导国土空间的合理利用，保护生态环境，限制非法和无序的土地开发活动，同时支持可持续发展目标。控制线的成功实施需要政府、社会各界以及公众的共同努力，确保每项控制措施都能达到其目标。

2.2　国土空间用途分类管制

2.2.1　城镇建设用地管制

城镇建设用地开发就是从城镇社会经济发展和城市人口生产生活的需要出发，利用一定的技术经济手段，对土地进行投资和加以改造，以满足人们生产生活需要（如居住、商业、工业和娱乐等）的行为或活动。

城镇建设用地必须严格按照规划的用途进行开发和使用，且必须符合国土空间规划和用途管制的相关规定。如需改变土地用途，必须依法经有关行政主管部门批准。城镇建设用地的使用需经过严格的审批程序，审批程序通常包括申请、审查、批准、发证等步骤。除了法律规定划拨用地外，其他土地使用者应依法缴纳土地出让金、土地租金等费用。

以划拨、出让方式提供国有土地使用权的建设项目，在国有土地使用权出让前，应由人民政府城乡规划主管部门依据控制性详细规划核定建设用地容积率等控制性指标，核发建设用地规划许可证。建设单位在取得建设用地规划许可证后，方可向县级以上地方人民政府土地主管部门申请用地。

我国城市规划实施管理实施"一书两证"制度，即建设项目用地选址意见书、建设用地规划许可证（城镇、乡村）和建设工程规划许可证。城镇建设用地分类管制是根据国土空间规划，对不同类型的建设用地进行分区分类管理，确保土地资源的合理配置和利用。《中共中央关于进一步全面深化改革、推进中国式现代化的决定》强调，要优化土地管理，健全同宏观政策和区域发展高效衔接的土地管理制度，优先保障主导产业、重大项目合理用地，使优势地区有更大发展空间。"一书两证"制度是强化土地使用的分类指导和管理、实现土地资源优化配置和分类管制、通过法定审批程序确保土地使用的合规性的重要手段。

2.2.2 农村建设用地管制

1. 农村宅基地

宅基地属于农民集体所有，依法依规无偿分配给本农村集体经济组织成员、以户为单位占有使用，坚持"一户一宅"原则，不得随意买卖。农村村民建新房的宅基地面积审批标准为每户面积不得超过 166 平方米；平原地区的村庄，每户面积不得超过 200 平方米；村庄建在盐碰地、荒滩地上的，可适当放宽，但每户不得超过 264 平方米；人均占有耕地 666 平方米以下的，每户宅基地面积可低于前款规定限额。农村宅基地的批准严格遵循土地利用总体规划，禁止任何单位和个人非法转让，对于违反规定的，将依法追究法律责任；禁止将宅基地用于其他用途，如工业生产、商业经营等；禁止未经批准擅自建设；禁止任何破坏生态环境的行为，如乱砍滥伐、污染水源等。

2. 农村集体公益性建设用地

农村集体公益性建设用地属集体所有，主要服务于非营利性公共设施和公益事业，如乡村道路、学校、医院、文化设施、体育设施等。农村公益性建设用地需严格按规定用途进行使用，必须符合土地利用总体规划和村庄规划，未经批准不得擅自改变土地用途，如将公益用地转为商业用地或住宅用地等；禁止任何单位和个人非法转让、倒卖或者以其他方式非法转让土地使用权。在进行建设活动时，必须遵守相关法律法规和规划要求，禁止违法建设。未经批准擅自建设、扩建、改建等行为将受到法律制裁。任何单位和个人不得擅自占用或扩大用地范围，禁止违规占用和浪费土地资源。规范用地审批流程，需做到公开、透明，确保审批结果的公正性和合理性。同时，应加强监管和执法力度，对违法违规行为进行查处和处罚。

3. 农村集体经营性建设用地

农村集体经营性建设用地是具有生产经营性质的农村建设用地，包括农村集体经济组织使用乡（镇）土地利用总体规划确定的建设用地，兴办企业或者与其他单位、个人以土地使用权入股、联营等形式共同举办企业、商业所使用的农村集体建设用地。为进一步深化农村土地制度改革，为乡村振兴添活力、增动力，国家深入推进农村集体经营性建设用地入市改革，鼓励乡村重点产业和项目使用集体经营性建设用地。对拟出让、出租集体经营性建设用地的，市、县人民政府自然资源主管部门应当依据国土空间规划提出规划条件，明确土地界址、面积、用途和开发建设强度等，且土地所有权人应当依据规划条件、产业准入和生态环境保护要求等，编制集体经营性建设用地出让、出租等方案，方案应当载明宗地的土地界址、面积、用途、规划条件、产业准入和生态环境保护要求、使用期限、交易方式、入市价格、集体收益分配安排等内容，以招标、拍卖、挂牌或者协议等方式确定土地使用者。集体经营性建设用地使用者应当按照约定及时支付集体经营性建设用地价款，并依法缴纳相关税费，对集体经营性建设用地使用权以及依法利用集体经营性建设用地建造的建筑物、构筑物及其附属设施的所有权，依法申请办理不动产登记。

2.2.3　农用地管制

1. 耕地利用管理

1）非农建设用地占用耕地的管理

此类管理实行占用耕地补偿制度。各省、自治区、直辖市人民政府应严格执行土地利用总体规划和土地利用年度计划，确保本行政区域内耕地总量不减少、质量不降低。如行政区域内耕地总量减少，由国务院责令其在规定期限内组织开垦与所减少耕地的数量与质量相当的耕地；耕地质量降低的，由国务院责令其在规定期限内组织整治，新开垦和整治的耕地由自然资源主管部门会同农业农村主管部门验收。个别省、直辖市确因土地后备资源匮乏，新增建设用地后，新开垦耕地的数量不足以补偿所占用耕地的数量的，必须报经国务院批准减免本行政区域内开垦耕地的数量，易地开垦数量和质量相当的耕地。城市建设用地区内统一征地，承担开垦耕地义务的为市、县政府，开垦费用可以打入建设用地成本；城市建设用地区外建设项目用地，承担开垦耕地义务的是建设单位；村庄、集镇建设占用耕地，承担开垦耕地义务的是农村集体经济组织或者村民委员会。

非农业建设必须节约利用土地，即"可以利用荒地的，不得占用耕地；可以利用劣质地的，不得占用好地"。

2）关于耕地的合理利用

对已经办理审批手续的非农业建设占用耕地，一年以上未动工建设的，应当按照省、自治区、直辖市的规定缴纳闲置费。

省、自治区、直辖市人民政府应当制定开垦耕地计划，监督占用耕地的单位按照计划开垦耕地或者按照计划组织开垦耕地，并进行验收；聚焦生态保护行为相关用地占用永久基本农田、一般耕地的条件与补划规则。

退耕还林还草还湿还湖用地应严格控制规模和空间范围，已划入自然保护地核心保护区内的永久基本农田要纳入生态退耕计划，有序退出；自然保护地一般控制区内的永久基本农田要根据对生态功能造成的影响，确定是否退出，并在本行政区内等质等量进行补划。

永久基本农田经依法划定后，任何单位和个人不得擅自占用或者改变其用途，不得违规将永久基本农田、土地整治新增耕地、粮食生产功能区耕地纳入退耕还林还草范围；不得将已退耕还林还草的土地纳入土地整治项目。

生态建设项目应严格实施占用补划，国家计划且确实难以避让永久基本农田的，应在永久基本农田储备区中补划。

禁止占用耕地建窑、建坟或者擅自在耕地上建房、挖砂、采石、采矿、取土等；禁止占用永久基本农田发展林果业和挖塘养鱼。下列耕地应规划为永久基本农田并实行严格保护：①经国务院农业农村主管部门或者县级以上地方人民政府批准确定的粮、棉、油、糖等重要农产品生产基地内的耕地；②有良好的水利与水土保持设施的耕地，正在实施改造计划以及可以改造的中、低产田和已建成的高标准农田；③蔬菜生产基地；④农业科研、教学试验田；⑤国务院规定应当划为永久基本农田的其他耕地。

2. 园地利用管理

严格限制园地转为非农业建设用地：园地属于农用地范围，按照《土地管理法》的"严格限制农用地转为建设用地"的规定，要做好园地的保护工作。经国家批准的建设项目必须占用园地的，应按国家有关规定，办理农用地转用手续后方可占用。

做好园地规划布局：园地发展的规划布局要以山区、丘陵为主，也要根据当地土地资源的自然条件和特长以及栽培树种的要求，选择合适的用地，进行田间规划设计。园地用地选择的原则就是适地适树，要根据栽培树种的要求，选择适宜的土地，以保障树种正常的生长。为达到适地适树的目的，要做到：①可以根据发展园地的土地条件，选择适合当地条件的树种；②确定某树种后，再选择适合该树种生长的土地；③通过农田建设、培育地力来改变园地生产条件，使之适合于选定树种的生长。

改造低产园地： 对山区、丘陵区园地主要是加强水土保持工程建设，把跑水、跑土、跑肥的"三跑"园地改造为保水、保土、保肥的"三保"园地；对土质较差的园地，通过施肥、改良土壤等措施提高地力；对干旱缺水的园地，兴修水利设施，发展灌溉；对管理不善或品种不好的园地，加强剪枝、耕作、防治病虫害、改良品种等，将低产园地改造为高产园地。

做好集约经营： 园地生产要改变落后的生产方式，实现由粗放经营向集约经营的生产方式转变，走产业化的道路。集约经营包括土地集约、资金集约、技术集约、信息集约。对经营规模较大的园地，要采取先进管理技术，搞好产品的储藏和深加工，加强对市场信息的收集和分析，积极开拓国内外市场，走生产加工销售一体化，增加产品的附加值，加快产业化进程。

3. 林地利用管理

国家林草局强调，每年下达各省建设项目使用的林地定额不允许突破定额使用林地。同时，国家林草局对林地实行分级管理：①Ⅰ级保护林地实行全面封禁保护，禁止生产性经营活动，禁止改变林地用途。②Ⅱ级保护林地实施局部封禁管护，鼓励和引导抚育性管理，改善林分质量和森林健康状况，禁止商业性采伐。除必需的工程建设占用外，不得以其他任何方式改变林地用途，禁止建设工程占用森林，对其他地类实行严格控制。③Ⅲ级保护林地严格控制征占用森林。适度保障能源、交通、水利等基础设施和城乡建设用地，从严控制商业性经营设施建设用地，限制勘查、开采矿藏和其他项目用地。重点商品林地实行集约经营、定向培育。公益林地在确保生态系统健康和活力不受威胁或损害下，允许适度经营和更新采伐。④Ⅳ级保护林地严格控制林地非法转用和逆转，限制采石取土等用地。

禁止擅自开垦林地转为其他农用地。在农业综合开发、耕地占补平衡、土地整理过程中，不得挤占林地；禁止擅自改变林地用途、限制林地转为建设用地。对于需要占用征收林地的建设项目，需要进行严格的审查和审批，确保其符合土地利用总体规划和林地保护政策。

严格保护公益林地。通过制定和实施公益林地保护政策，确保公益林地的稳定和持续发挥生态效益。根据《中华人民共和国森林法实施条例》，防护林或特种用途林10公顷以上的，用材林、经济林、薪炭林及其采伐迹地、火烧迹地35公顷以上的，由国家林业局审核，低于上述数量的，由省级林业主管部门审核；临时占用防护林、特种用途林5公顷、其他林地20公顷以上的，由省林业局审批，低于上述标准的由市县林业局审批。国有森林经营单位和集体森林经营等直接为林业生产服务的单位由市县林业主管部门审批。

推行集约经营、农林复合经营，在法律允许的范围内合理安排各类生产活动，最大限度地挖掘林地生产力。

4. 草地利用管理

草地用途必须符合土地利用总体规划和草原保护建设利用规划。在规划编制过程中，要充分考虑草地资源的自然属性和生态功能，合理确定草地的用途和布局。

严格控制草地转为建设用地和其他非畜牧业用途。凡纳入《禁止用地项目目录（2012年本）》的用地项目，禁止使用草原进行建设。除国务院批准同意的建设项目、国务院有关部门、省级人民政府及其有关部门批准同意的基础设施、公共事业、民生工程项目和国防、外交建设项目外，不得占用基本草原。光伏发电项目禁止使用基本草原。各类开发建设活动应符合"三线一单"生态环境分区管控要求。若有确因国家重点建设项目确需征收、征用或者使用草地的情况，必须依照法定权限和程序进行审批，并依法给予补偿。

加强草地生态系统的保护和恢复，防止过度放牧、滥采滥挖等破坏草地资源的行为。对于已经退化、沙化、盐碱化的草地，要采取有效措施进行治理和恢复。

在保护草地生态系统的基础上，合理利用草地资源，发展畜牧业。科学规划放牧区域和载畜量，推广舍饲圈养和草畜平衡等生产方式，提高草地的利用效率。

对违法违规行为进行查处和处罚。同时，加强草原监理机构和队伍建设，提高草原监理人员的素质和能力。

5. 设施农业及其附属设施用地管理

设施农业及其附属设施用地建设要符合农业发展规划、乡级土地利用规划和乡村建设规划并合理选址。在保护耕地、合理利用土地的前提下，严格审批规范管理，尽量少占或不占耕地，利用荒山荒坡、滩涂等未利用地和低效闲置的土地，坚决禁止占用基本农田，禁止超规模占地，禁止搭车审批。

设施农用地，比如畜牧场、饲养场、水产养殖场等确需占用耕地的，须签订复耕保证书，交纳复垦保证金，按时按要求恢复成耕地。发展设施农业必须坚守耕地和永久基本农田红线，严守生态红线，不得占用自然保护区等特殊区域。

设施农业用地应符合国土空间规划或土地利用总体规划、村庄规划及农业发展规划。引导农业生产经营者集中兴建配套设施，鼓励其相互联合或与农村集体经济组织共建粮食临时仓储、烘干、晾晒场、农机临时存放库棚等设施，提高农业设施使用效率，促进土地节约集约利用。

2.2.4 未利用地管制

1. 未利用地的合理利用

具有重要生态功能的未利用地应当依法划入生态保护红线，实施严格保护。

不宜采取家庭承包方式的荒山、荒沟、荒丘、荒滩等，可以采取招标、拍卖、公开协商等方式承包，用于种植业、林业、畜牧业、渔业生产。

开垦未利用的土地，必须在土地利用总体规划划定的可开垦的区域内，经县级以上人民政府依法批准后进行开垦。对特定功能区使用未利用地的，在不改变土地用途、不固化地面的前提下，可按原地类管理。

禁止毁坏森林、草原开垦耕地，禁止围湖造田和侵占江河滩地。

支持通过盘活农村闲置房屋、集体建设用地、"四荒地"、可用林场和水面等资产资源发展休闲农业和乡村旅游。在不改变土地用途、不影响林木生长、不采伐林木、不固化地面、不建设固定设施的前提下，可依法依规推动建立土地资源的复合利用机制，超出复合利用范围的，依法依规办理相关用地手续。

2. 未利用地的转用规则

未利用地转为建设用地的规则主要表现为基于规模的审批权限的差异。审批的主要内容为是否符合土地利用总体规划、土地利用年度计划和建设用地标准等。未利用地转为建设用地少了农用地的转用审批要求，但其他的如供地方案、征地方案都是未利用地可否实现建设利用的重要审批内容。

2.3 国土空间分区管制

2.3.1 国土空间管制分区体系

1. 国土空间分区内涵与分类

国土空间是在国家主权管辖之下，由自然资源、地理生态环境及人类社会经济活动空间构成的综合体系。从动态的视角看，国土空间分区是一种基于特定原则和目的（如开发或保护）或属性（如社会、经济、文化或自然属性）的国土空间认知和权益决策活动，这一过程依赖于空间构成要素或功能，并使用多源数据和多种方法。从静态的角度来看，国土空间分区是国土空间认知活动的成果，这种成果通常体现为由稳定的空间分区评价单元和分区指标体系构成的系统化的国土空间片段或单元。

根据不同标准，国土空间分区可采取多种不同的划定路径和类型。例如，基于时间维度的分类，国土空间分区可划分为历史分区、现状分区与未来分区。国土空间历史分区是对过去历史时期国土空间的认知与分类，涵盖了特定时期的国土空间分区情况。国土空间现状分区则是依据当前的数据资料，如经济、人口或自然资源与地理环境数据，对国土空间进行的实时分类。国土空间未来分区，亦称为国土空间规划分区，通常是在当前的研究或实践中，基于对未来国土空间开发利用与保护活动的预期，进行的规划性分区。国土空间的历史分区与现状分区可为未来的规划分区提供必要的依据和基础。除此之外通常还有以下三种主要分区方式。

根据关注的属性不同，国土空间分区可分为专题性分区和综合性分区。专题性国土空间分区是基于国土空间的某一属性或要素进行的，如行政区划、经济区、气候区划、农业区划和城市群等。综合性国土空间分区则是基于国土空间多个要素和多种功能进行的，涉及社会、经济、生态、环境和资源等方面，进行复合国土空间的综合分区研究，例如主体功能区、国土规划分区以及人文地理综合分区等。

根据共性程度的不同，国土空间分区可分为国土空间地域分区和国土空间类型分区。国土空间地域分区强调属性的地域综合性，表现为区域内特征的相似性和区域间的明显差异，如中国地理分区的南北方、东中西划分等。而国土空间类型分区则基于类型进行，强调属性的空间分布，如基于林地分布的林地规划分区，以及基于生物多样性保护的自然保护区等，分区单元之间具有明显的共性。

根据划分依据的差异，国土空间分区可以划为国土空间特征分区与国土空间功能分区。国土空间特征分区是基于分区单元内部某种特征的相对一致性来进行的，例如土地利用分区中的林业用地区、牧业用地区、一般农业区等，这些分区单元展示了特征的一致性。常见的国土空间用途分区属于特征分区类别。国土空间功能分区是基于分区单元内部功能的相互联系来进行的。国土空间具备多种功能，如主体功能区规划中的城镇发展区、农产品主产区、重点生态功能区均是基于功能进行划分的，而生态功能区划是对生态功能进行进一步细化的分区。例如，目前进行的国土空间规划实践中设立的"三区"即是基于功能来划定的。

根据规划级别的差异，国土空间分区可分为国家级、省级、市县级及村镇级国土空间规划分区。例如，主体功能区规划仅涵盖国家级与省级两个规划级别。由于国土空间分区的类型多样性，同一空间可根据不同的标准被划分为不同的空间分区。因此，通过结合不同的分区标准，可以创造更加丰富的国土空间分区类型，例如地域功能规划区、综合功能现状区、专题特征规划区等。这种方法使得国土空间规划更为细致和多元化，能够更好地适应不同地区的发展需求和环境保护要求。

2. 统一的国土空间管制分区体系

在统一的国土空间管制分区体系下，合理的分区设计对于实现土地资源的高效利用和可持续管理至关重要。国土空间管制分区要遵循三条基本原则：①整合协调原则，确保各类型空间的功能相互补充，协调人口、资源、环境三者之间的关系，优化空间布局和资源配置；②可持续发展原则，坚持生态优先、保护为主，强化生态环境保护和修复，保证经济社会发展与自然环境的和谐；③高效利用原则，提升土地使用效率，避免土地浪费，促进土地资源的合理开发和科学管理。在此基础上，国土空间管制分区可划分为城镇空间、农业空间和生态空间。

1）城镇空间

城镇空间是城市发展核心区域，包括城市建设用地和市郊接合部，具体可分为以下四种。

居住区：为居民提供生活空间，包括住宅建筑、社区服务设施等。

商业区：商业活动集中的区域，包括购物中心、办公楼、餐饮娱乐等。

工业区：工业生产活动的区域，包括工厂、仓库等。

公共设施用地：提供公共服务的区域，如学校、医院、公园等。

2）农业空间

农业空间是保障食品安全和农业可持续发展的关键区域，主要有以下七种。

耕地：用于种植农作物的土地。

园地：用于种植果树、蔬菜等的土地。

牧场：用于放牧的土地。

渔业用地：用于水产养殖的水域。

农村居民点：通常指乡村中的居住区，包括农民的住宅和生活设施。

农业科研和教育设施：进行农业科研、教育和培训的场所，包括实验室、教室和试验田。

农村基础设施：包括农村道路、供水和排水系统、电力设施等。

3）生态空间

生态空间是维护生态平衡和生物多样性的重要区域，主要包括以下六种。

自然保护区：保护生物多样性和生态系统完整性的区域。

森林公园：提供休闲、教育和保护森林资源的区域。

湿地：具有调蓄洪水、净化水质等生态功能的区域。

野生动植物栖息地：为濒危或特殊物种提供必要的生存条件和保护的特定区域。

生态缓冲区：在受保护生态区域与人类活动区域之间设立的过渡区域。

河流和湖泊：提供水资源、支持水生生态系统的区域，同时也是许多野生动植物的栖息地。

3. 三区三线

2017年1月，中央办公厅和国务院办公厅联合发布了《省级空间规划试点方案》，其中首次对三类空间与三条控制线进行了统称，称为"三区三线"。2021年7月，新版《土地管理法实施条例》第三条被通过，该条规定要求"统筹布局农业、生态、城镇等功能空间，并划定落实永久基本农田、生态保护红线和城镇开发边界"。这一规定是对《土地管理法》第十八条的具体化和补充，明确了"三区三线"在国土空间规划中的法律地位。

1）"三区三线"内涵

"三区"指城镇空间、生态空间和农业空间，"三线"指生态保护红线、永久基本农田和城镇开发边界。"三区三线"体系构成了国土空间规划的核心要素，能够实现对所有国土空间的全面覆盖，是国土空间开发与保护整体规划的基础内容，具体的空间关系如图2-1所示。

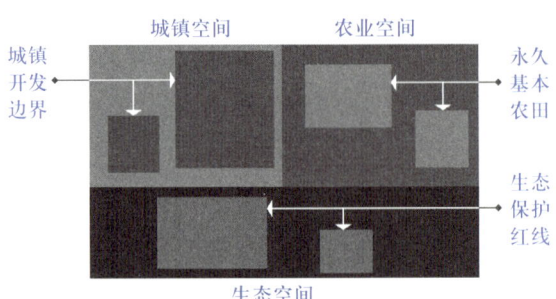

图2-1 "三区三线"空间关系示意图
资料来源：作者自绘

城镇空间是以城镇居民的生产和生活为主导功能的国土空间，主要用于城镇建设、非农产业发展和城镇居民生活的营造。这种空间地域以开发利用为核心原则，包括城镇建成区、城镇规划建设区以及开发区和工矿用地等。生态空间则是指那些具有自然属性的国土空间，主导功能是提供生态系统服务或生态产品，涵盖森林、草原、湿地、河流、湖泊和滩涂等各类生态要素，其主导原则是自然生态系统的保护与适度利用。农业空间是以农业生产和农村居民生活为主导功能的国土空间，承担农产品生产及以农产品为基础的工业产品生产和农村居民生活功能，包括耕地、园地、林草地、养殖水面以及农村居民点和相关基础设施建设用地。

2）空间管制依据

"三区三线"构成了确保国土空间全域全要素管制的基础。在中国，根据不同的自然资源类别，国家制定了相应的法律，如《土地管理法》《矿产资源法》《森林法》《草原法》和《水法》等，并将各种资源的管理权限分配给不同的管理部门。例如，林业、农业、水利和环保部门分别管理与自然资源相关的生态用地，并制定了林地、湿地占补平衡等政策。然而，这种分类管理方式割裂了自然资源之间的有机联系，形成了"种树的只管种树、治水的只管治水、护田的只管护田"的局面。资源的分类管理导致了管理权限的碎片化，并加剧了生态系统的分割。

此外，自然资源和国土空间的分割管理导致管制的热点与冷点共存，规划管制的重叠与盲点并存。例如，土地要素成为管制的热点，而水域和湿地则成为管制的冷点。城乡规划体系主要关注城镇空间，特别是城市规划区，而对农业空间和生态空间的管控不足。土地利用规划体系则以农业空间为重点，但在城镇空间与城市规划体系常有冲突，难以实现统筹管控。"三区三线"旨在服务于全域全类型的用途管控，其管制核心应从单一的耕地资源保护向全要素保护转变，从关注城镇空间、基本农田等重点空间转向包含全部国土空间的管控。"三区三线"体系将国土空间划分为生态空间、农业空间与城镇空间，并在这三大空间中划定功能更为重要、空间更为连续的三条控制线，将所有自然资源与国土空间纳入统一的国土空间规划体系中，从而有助于实现国土空间的全域全要素用途管制。

3）分类分级差异化管控

"三区三线"是实现分类分级差异化管控的重要工具。由于国土空间所提供的功能和服务具有差异性，以及人类需求存在优先级排序，这要求我们对国土空间进行差异化的认知和管控。其中，"三区"的划分是基于空间功能差异进行的类型划分，以空间的自然条件和所承担的城镇发展、农业开发及生态保护功能的差异为指导，以规划后续的空间开发利用和保护。农业空间主要承担农业生产和农村生活功能，应避免大规模城镇开发。生态空间则主要供给生态产品和生态系统服务，也应避免大规模的城镇及农业开发。

然而，主导功能并非唯一功能，无论是城镇空间、农业空间还是生态空间，均是生产、生活与生态的复合空间。因此，乡村振兴、产业融合与生态产品价值的实现有了科学依据和政策空间。生态保护红线、永久基本农田和城镇开发边界这三条控制线则是基于分类管制的分级管控的重要工具。在生态空间内，生态保护红线划定了生态功能最重要或生态敏感性最高的区域；在农业空间内，永久基本农田指的是耕地质量最高、规模及连片程度最佳的区域；在城镇空间内，城镇开发边界是可以集中进行城镇开发建设、完善城镇功能、防止城镇无序扩张、优化城镇布局的空间边界。因此，对这三条控制线的重视程度和管制严格程度在三区内的其他空间中呈现出差异化的等级区别。由此，"三区三线"分区体系引入了一种更科学、更系统、管理成本更节省的新管制方式。

4）管制逻辑

"三区"与"三线"在管制逻辑上展现出明显的差异。"三区"空间的管控原则是引导主导功能的集聚，而"三线"空间的管控逻辑则基于底线思维。具体来说，"三区"旨在实现对全部国土空间的全覆盖分类管制。"三线"中的永久基本农田守住的是国家的粮食安全红线，生态保护红线守住的是国家的生态安全红线，而城镇发展边界的约束是稳定这两条红线的关键，同时也是调整经济结构、规划产业发展、推进城镇化的不可逾越的红线。

此外，"三区"除了"三线"之外，还包括其他一般空间。例如，生态保护红线被视为保护生态系统重要服务功能的"生命线"，而一般的生态空间则充当生态保护红线的"缓冲区"，其结构、格局和功能表现为干预性、破碎化和复合型特征。因此，生态保护红线、永久基本农田保护线和城镇开发边界这"三线"作为核心区应该实施刚性管制。与此同时，城镇空间、农业空间、生态空间这三类功能区除了核心区之外，还包括外围区。这些外围区不仅是核心区的缓冲区，也是未来的补充区。因此，在处理生态空间、农业空间与城镇空间时，应更注重弹性空间的管控，以增强空间的整体功能[1]。

5）两级规划分区体系

《市级国土空间总体规划编制指南（试行）》明确了市县国土空间规划分区和用途分类的主要构成、综合管控要求和主要国土空间用途规划分区体系的设计，反映

---

1. 龚健，李靖业，韦兆荣，等．面向自然资源统一管理的国土空间规划用地分类体系及用途管制探索[J]．规划师，2020，36（10）：42-49．

了多元化的土地利用需求与综合性的空间管理策略。该指南详细解析了这一分区体系的各个组成部分及其功能。

一级规划分区是基础框架，将国土空间分为生态保护区、生态控制区、农田保护区、城镇发展区、乡村发展区、海洋发展区等6类，而其中的城镇发展区、乡村发展区、海洋发展区可细分为二级规划分区。

生态保护区致力于保护和恢复自然生态系统，如自然保护区和国家公园，限制人类活动以维持生物多样性。生态控制区则对生态环境实施严格控制，防止生态退化，例如水源保护区。农田保护区的目的是保护耕地，确保国家粮食安全和农业的可持续发展。城镇发展区则集中城市建设和发展，优化居住、商业、工业等多功能区域的布局，以支撑城市经济。乡村发展区旨在促进乡村振兴，合理配置农业、林业和旅游资源，保持乡村的可持续发展。海洋发展区专注于海洋资源的合理开发与保护，而矿产能源发展区则重点开发矿产资源，同时注重环境保护和生态平衡。

城镇发展区由城镇集中建设区、城镇弹性发展区和特别用途区构成，这是为作为重要空间管制区的城镇开发边界服务的二级管制区。为满足城镇集中建设区内部的细化管理，对城镇集中建设区进行了更为具体的城市空间用途分区，比如居住生活区、综合服务区、商业商务区、工业发展区、物流仓储区、绿地休闲区以及交通枢纽区，等等。

乡村发展区也由村庄建设区、一般农业区、林业发展区和牧业发展区等二级规划分区构成。村庄建设区是农村居民点和服务设施的集中地，一般农业区用于传统农作物的种植，林业发展区和牧业发展区分别用于森林保护和发展畜牧业。

海洋发展区则可分为渔业用海区、交通运输用海区、工矿通信用海区、游憩用海区、特殊用海区与海洋预留区。渔业用海区支持捕捞和养殖业，确保渔业资源的可持续利用。交通运输用海区则专为海上交通和运输设计，确保海上运输的效率和安全。工矿通信用海区则涉及海上矿产资源开采和海底通信设施的布置。游憩用海区主要面向旅游和休闲活动，如海滩和度假村，同时保护自然景观。特殊用海区设立于需要特别管理和保护的海域，可能包括科研、军事或其他国家安全相关的专用区域。海洋预留区暂时不开发，以备未来需求或应对环境变化。

这种多层次、多功能的规划分区体现了对不同区域功能与发展潜力的精细判断和优化，能够有效地指导土地资源的合理配置和利用，支持可持续发展的政策目标。通过这种细致的规划，可以平衡经济发展与环境保护，实现社会、经济和环境的和谐共生。

2.3.2 城镇空间管制

城镇空间管制是国土空间规划的核心内容之一,旨在合理安排城镇建设用地,优化空间布局,提升城市功能和生活质量。城镇空间管制要遵循以下基本原则:①集约高效原则,城镇空间管制应注重土地的集约利用,避免无序扩张和土地浪费,通过高密度、多功能的土地使用方式,提升土地使用效率;②生态宜居原则,在城镇规划中应兼顾生态保护,确保绿地面积和水体的合理配置,维持生态平衡,创建宜居的城市环境;③均衡发展原则,城镇空间管制应促进区域内外平衡发展,通过合理分配公共资源和设施,减少区域发展差距;④历史文化保护原则,在城镇空间管制中应尊重和保护地区的历史文脉和文化特色,合理规划历史文化区和传统风貌区的保护与利用。详细内容在第 3 章有论述,此处不再阐述。

2.3.3 农业空间管制

农业空间管制是确保土地资源合理利用和农业持续发展的关键,它旨在保护农田,促进农业生产效率,同时维持生态平衡。农业空间管制要遵循以下基本原则:①可持续性原则,农业空间管制应确保农业生产的长期可持续性,防止土地资源的过度开发和退化。这包括推广生态农业实践,如轮作、有机耕作等,减少化学肥料和农药的使用,保护土壤健康。②粮食安全原则,保障国家粮食安全是农业空间管制的核心,需要确保足够的耕地被保留用于粮食生产,特别是在人口密集区域。③效率优化原则,通过科技和创新提高农业生产效率。实施精准农业技术,如卫星图像和地理信息系统(GIS)的使用,以优化种植模式和水资源管理。④生态保护原则,在农业空间规划中融入生态保护,保持生物多样性,设立生态保护区和缓冲带,以减少农业活动对周围环境的影响。⑤公平利用原则,确保农业空间的公平利用,支持小规模农业和家庭农场,保护农民利益,防止土地兼并和过度商业化。

农业空间管制的具体内容,主要有以下五点。

1)土地保护与规划

土地保护与规划是农业空间管制的基石,目的是确保农业用地的合理利用与保护。这涉及对耕地、林地和牧场的分类和定级,根据土地质量和位置确定最适合的农业用途。政策制定者需实施严格的土地转用审批机制,防止高产能农田被转为非农用途。此外,还需通过地籍测绘和土地登记,提高土地使用的透明度和管理效率。规划中还应考虑农业土地的整治,比如合并零星小块土地以提高农业机械化水平，或改善排水系统以提升土地的耕作条件。

2）水资源管理

水资源是农业生产中最关键的资源之一，农业空间管制中的水资源管理需要确保水资源的有效分配和可持续利用。这包括建设和维护灌溉系统，实现灌溉用水的精确控制和分配，如滴灌和喷灌技术的应用，以避免水的浪费。同时，需要制定水资源保护政策，防止农业污染，如肥料和农药流失污染地表水和地下水。此外，鼓励采用雨水收集和循环利用系统，以及在干旱或水资源稀缺区域推广节水作物和耐旱种植技术。

3）农业基础设施建设

农业基础设施是提高农业生产效率和农产品市场竞争力的关键。这包括交通路网的建设，使农产品能够快速从田间运达市场；仓储设施的改善，减少收获后的损失；冷链系统的建立，延长农产品的保鲜期。同时，投资于信息技术，如农业信息化平台的使用，可以帮助农民获取市场信息、天气预报、价格变动等，提高他们的决策能力和市场响应速度。

4）生物多样性与环境保护

在农业空间规划中融入生态保护的原则，保护自然生态系统和生物多样性。这包括在农业生产中使用环境友好的农业技术，如保护性耕作和有机农业，减少化学物质的使用。同时，设置生态保护区或生态缓冲带，保护野生动植物栖息地，维持自然生态平衡。此外，鼓励农业生物多样性，比如种植多样化作物和本地品种，以提高农业系统的抗逆性和生态系统的整体健康水平。

5）科技应用与创新

推动科技在农业空间的应用，提高农业生产的科技含量和创新能力。这包括使用遥感技术和地理信息系统（GIS）进行土地监测和作物管理，实现精准农业。发展生物技术，如抗虫抗病的转基因作物，以减少化学农药的使用。同时，支持农业机械化和自动化，提高劳动生产率和减轻农民劳动强度。此外，建立农业研发和技术推广体系，确保科技成果能够快速转化为生产力，促进农业持续发展。

2.3.4 生态空间管制

生态空间管制旨在保护和维护生态系统的健康和完整性，支持生物多样性，并为未来世代提供持续的自然资源和环境服务。生态空间管制要遵循以下基本原则：①完整性保护原则，生态空间的保护应确保生态系统的完整性和自然状态得到保持。这意味着要维护生态系统的所有关键组成部分,如物种多样性、生态过程和自然景观,确保它们能够自我维系和恢复。②预防优先原则,在生态空间的管理中,预防环境退化和生态破坏是首要任务。这涉及采取预防措施,防止外来物种入侵、污染和非法活动,如偷猎和伐木,以防止对生态空间造成损害。③公众参与原则,生态空间的保护需要地方社区和公众的参与。通过教育和意识提升,可以使公众理解生态保护的重要性,并参与生态保护活动,如志愿者监测和生态旅游管理等。④跨界合作原则,许多生态系统横跨行政区域甚至国家边界,因此生态空间的有效管理需要跨界合作。这包括与邻近地区或国家共享数据、监控和保护措施,以协同解决跨境生态问题。⑤适应性管理原则,生态系统是动态的,对环境变化和人类活动高度敏感。生态空间管制应采用适应性管理策略,根据监测数据和科学研究结果不断调整保护措施,以应对气候变化和其他环境变量的影响。

生态空间管制的具体内容,主要有以下五点。

1)生态保护区的设立和管理

生态保护区的设立是全球生态保护策略中的一项核心内容。设立这些区域的目的是保护具有重要生态、科学和文化价值的自然区域免受人类活动的干扰。管理这些保护区涉及多个方面。比如,需要明确界定保护区的边界,并根据生态系统的特点和保护目标制定管理规划。这可能包括对自然资源的使用进行严格限制,如禁止狩猎、限制旅游活动和禁止任何形式的商业开发。此外,保护区的管理还需要定期进行生物多样性监测,评估保护措施的有效性,及时调整管理策略以应对环境变化或新出现的威胁。为了增强保护效果,保护区通常会与科研机构和非政府组织合作,共同开展科学研究和环境教育活动,提高公众对保护工作的认识和支持力度。

2)生态监测和评估

生态监测和评估是实现有效生态空间管理的科学基础。通过持续监测生态系统的健康状况,可以及时发现环境变化和潜在威胁,从而采取适当的管理措施。生态监测包括物种多样性的调查、生态系统服务功能的评估和环境质量的监测等多个方面。例如,可以通过定期的植物和动物清点了解物种丰富度和群落结构的变化,通过水质和土壤质量测试评估环境污染的程度。此外,利用遥感技术可以高效地监测大范围的生态变化,如森林覆盖率的变化和湿地退化情况。这些监测数据对于评估保护措施的效果、预测生态趋势和制定未来的保护策略至关重要。

3)生态恢复项目

生态恢复项目旨在修复和重建因人类活动或自然灾害受损的生态系统。这类项目通常需要基于科学研究和生态原理，精心设计实施方案，以确保恢复工作的效果和可持续性。恢复活动可能包括本土植被的重新植入、湿地和河流的自然化重建、退化土地的治理等。例如，通过移除入侵物种并重新引入本地植物，可以恢复土地的原生植被覆盖，提高生物多样性。此外，恢复项目还应考虑长期维护和监测，确保生态恢复效果的持续性。社区的参与尤为重要，当地居民可以通过参与植树和水体清理等活动，直接贡献于生态恢复，并增强他们对环境保护的责任感和归属感。

4）环境教育和公众意识提升

环境教育和公众意识提升是确保生态空间得到长期保护的关键策略之一。通过环境教育和公共参与，可以增强公众对生态保护重要性的认识，促使更多人支持和参与环境保护活动。环境教育应涵盖从学校教育到成人教育各个层面，包括在学校课程中加入生态保护的内容、举办公众讲座和研讨会，以及通过媒体和社交平台传播环境保护的信息。此外，生态旅游也是一种有效的环境教育方式，它使游客在享受自然美景的同时，还能认识生态系统的功能和保护的重要性，并为当地提供经济发展动力，促进保护区的可持续管理。

5）法律和政策支持

强有力的法律和政策框架是生态空间得到有效保护的基础，应制定专门的生态保护法规，明确保护区的管理权限和责任，设立环境保护的法律责任制度。政策方面，应提供必要的财政和技术支持，确保保护措施得以有效实施。例如，政府可以通过提供资金支持生态监测和恢复项目，为保护区的管理提供技术和设备支持，同时建立强有力的执法机制，对违法破坏生态的行为进行严厉处罚。此外，政策还应促进国际合作，共同应对跨境生态问题和全球环境挑战，如气候变化和生物多样性的保护。

关键术语

国土空间用途管制、三区三线、生态保护红线、永久基本农田、城镇开发边界、建设项目规划选址与用地预审、建设用地规划许可、建设工程规划许可、"一书两证"制度

思考题

1. 国土空间用途管制如何影响区域发展和生态保护的平衡？
2. 探讨您所在地区实施空间用途管制可能遇到的挑战及解决策略。
3. 如何通过国土空间用途管制促进社会经济的稳定增长？

参考文献

[1] 程久苗.试论土地用途管制[J].中国农村经济，2000，(7)：22-25+30.
[2] 易家林.国土空间用途管制：内涵解构、制度变迁与体系重构[D].南京：南京农业大学，2023.
[3] 林坚，许超诣.土地发展权、空间管制与规划协同[J].城市规划，2014，38（1）：26-34.
[4] 陈磊，姜海.国土空间规划：发展历程、治理现状与管制策略[J].中国农业资源与区划，2021，42（2）：61-68.
[5] 岳文泽，王田雨，甄延临."三区三线"为核心的统一国土空间用途管制分区[J].中国土地科学，2020，34（5）：52-59+68.
[6] 龚健，李靖业，古兆乘，等.面向自然资源统一管理的国土空间规划用地分类体系及用途管制探索[J].规划师，2020，36（10）：42-49.

第 3 章

详细规划开发控制与城市设计引导

■ **教学要求**

开发控制是详细规划编制的基本目的，城市设计是详细规划编制中的引导性要求，决定了城市空间品质的底色。本章学习旨在了解详细规划开发控制的基本逻辑、详细规划与总体规划及专项规划的底线管控关系，了解详细规划开发控制的主要管控要素及相互关系；进一步学习城市设计在详细规划层面的引导作用、详细规划层面城市设计的编制目标；从城市设计及详细规划的管控需求出发，了解详细规划层面城市设计的基本编制流程；明晰详细规划层面一般地区与重点控制区的城市设计特征、原则与引导要点，从而保证详细规划遵循城市整体性、协调性及美学等要求。

3.1 详细规划开发控制

城镇开发边界内的详细规划管理对象是其规划范围的城市发展，包括两个层级的两类对象：规划范围的城镇土地开发和地块尺度的建设项目管理。城市发展就是通过"建设"改进和发展城市区域。城市发展类似溪谷中的漂流，具有四个特性：不完全预见性、相关性、不可分割性和不可逆性。规划作为城市发展的管制工具，并不追求完全预测或全面控制，而是选择影响城市发展的关键因素进行有效控制，在避免灾难性后果的基础上实现规划发展的目标。其中，防止灾难性后果是发展控制的底线要求，全面实现规划目标是规划控制的最高要求。

城市发展分为新区发展和建成区域更新两种方式。新区发展涉及农田等非建设用地向城镇建设用地的转变，出于城乡协调、人与自然和谐发展的管理目标，通常的政策和法规将转变非建设用地用途的权力赋予地方政府。市场经济下，地方政府在新区发展过程中主要承担的是土地开发（包括土地征收、"三通一平 / 七通一平"后的净地出让，或规划、土地征收、毛地出让）以及土地出让后的建设项目管理。建成区域的更新涉及分散的产权和多元的利益，可以根据更新的目标和更新受益的状况选择不同的发展模式，可以采用"规划、征收、地块出让"的土地开发模式，也可以采用"规划、土地开发赋权、项目审批"的土地业主或结合市场资本的自主更新模式。城市发展的模式不同，规划管理的权力和角色不同，在特定片区的城市发展项目中详细规划选择的管理要素就不同。尽管如此，政府作为管理的权力和角色不变，管控的制度和工具不变。本节综合城市发展的两种方式，结合规划片区（可以是一个规划单元，也可以是若干个规划单元的组合）的土地开发管理和地块建设项目管理，解读详细规划开发控制。

3.1.1　上位规划、专项规划的底线管控要素

1. 国土空间总体规划"三区三线"的管控要求

"三区三线"是根据城镇空间、农业空间、生态空间三种类型的空间，分别对应划定的城镇开发边界、永久基本农田保护红线、生态保护红线三条控制线。其中"三区"突出主导功能划分，"三线"侧重边界的刚性管控。这是国土空间用途管制的重要内容，也是国土空间用途管制的核心框架。在空间关系上，"三区"各自包含"三线"。"线"比"区"具有更强的管控刚性，"区"可以作为管控"线"调整幅度的制度设计，可以使"线"有调整的弹性，又使"线"的调整可控有序。三条控制线要按永久基本农田、生态保护红线、城镇开发边界的顺序划定，做到现状耕地应保尽保、应划尽划，确保三条控制线不交叉不重叠不冲突。

1）永久基本农田

永久基本农田是指按照一定时期人口和经济社会发展对农产品的需求，依据国土空间规划确定的不能擅自占用或改变用途的耕地。基本农田保护区经依法划定后，任何单位和个人不得改变或者占用。国家能源、交通、水利、军事设施等重点建设项目选址确实无法避开基本农田保护区，需要占用基本农田，涉及农用地转用或者征用土地的，必须经国务院批准。党中央、国务院确定建设的重大生态建设项目，确实难以避让永久基本农田的，按有关要求调整补划永久基本农田和修改相应的土地利用总体规划。省级人民政府为落实党中央、国务院决策部署，提出具有国

家重大意义的生态建设项目，确实难以避让永久基本农田的，经国务院同意，按照有关要求调整补划。

2）生态保护红线

生态保护红线是指在生态空间范围内具有特殊重要生态功能，必须强制性严格保护的陆域、水域、海域等区域。生态保护红线由市县国土空间总体规划划定，经审批机关批准后不得随意调整，2021年6月已上报国务院的生态保护红线方案总体保持稳定，原则上不再调整，因国家重大项目等确需调整的，要依据已有规则举证说明。控制性项目的作用是检查和落实生态空间建设管理的目标和要求。

规范管控对生态功能不造成破坏的有限人为活动。生态保护红线是国土空间规划中的重要管控边界，生态保护红线内自然保护地核心保护区外，禁止开发性、生产性建设活动，在符合法律法规的前提下，仅允许对生态功能不造成破坏的有限人为活动，主要包括：零星的原住居民在不扩大现有建设用地和耕地规模前提下，修缮生产生活设施，保留生活必需的少量种植、放牧、捕捞、养殖；因国家重大能源资源安全需要开展的战略性能源资源勘查，公益性自然资源调查和地质勘查；自然资源、生态环境监测和执法（包括水文水资源监测及涉水违法事件的查处等），灾害防治和应急抢险活动；经依法批准进行的非破坏性科学研究观测、标本采集；经依法批准的考古调查发掘和文物保护活动；不破坏生态功能的适度参观旅游和相关的必要公共设施建设；必须且无法避让、符合县级以上国土空间规划的线性基础设施建设、防洪和供水设施建设与运行维护；重要生态修复工程。

2022年8月自然资源部、生态环境部、国家林业和草原局共同印发《自然资源部 生态环境部 国家林业和草原局关于加强生态保护红线管理的通知（试行）》（自然资发〔2022〕142号），对加强生态保护红线管理，严守自然生态安全边界提出具体要求，主要是对中共中央办公厅、国务院办公厅印发的《关于在国土空间规划中统筹划定落实三条控制线的指导意见》中规定的8项人为活动进行细化。

3）城镇开发边界

城镇开发边界是指在一定时期内因城镇发展需要，可以集中进行城镇开发建设，重点完善城镇功能的区域边界，涉及城市、建制镇和各类开发区等。城镇开发边界内的详细规划原则上应在城镇开发边界内开展，但由于部分地区城镇开发边界划定过于破碎，在实际操作中也会连带把城镇开发边界周边相关的，需要进行开发建设管控的建设用地和非建设用地一并纳入。

城镇开发边界外进行单独选址建设的市政、交通、水利、能源等线性工程，电力设施（变电站、塔基等）、通信设施（基站等）、污水垃圾处理设施等点状设施，监狱、军事、宗教、殡葬、特殊医疗、生态旅游、综合防灾、资源能源、战略储备等特殊类型建设项目，必须符合永久基本农田、生态保护红线等管控要求。项目用地规模与布局应集约节约用地，尽量不占或少占用耕地，并符合相关标准规范。城镇开发边界外的农村集体建设用地上的建设活动应符合乡镇规划、村庄规划和农民建房的相关规定。

2. 重大安全风险控制线

1）危险品库/站的安全防护距离

大中型危险化学品仓库的周边应在满足安全防护要求基础上进行开发建设。

加油站、加气站等易燃易爆设施应与居住等建设用地保持安全防护距离。

2）环境危害风险的行业准入

国家针对有环境危害风险的行业实行准入管理，针对电石法聚氯乙烯和苛性钠生产装置、焦化生产企业、多晶硅项目、镁冶炼项目、印染项目等的建设有严格的防护距离规定。

3）洪水风险控制要素

详细规划应避让洪水风险区域。有效洪水风险管理的前提是对现有的灾害和风险有适当的了解。

4）地质灾害防治

详细规划应落实避让地质灾害风险区域，包括自然因素或者人为活动引发的危害人民生命和财产安全的山体崩塌、滑坡、泥石流、地面塌陷、地裂缝、地面沉降等与地质作用有关的灾害。

5）地震风险防治

法律要求，抗震设防区六度以上城市须编制城市抗震防灾规划。详细规划需要落实城市抗震规划的目标和要求，其中与详细规划密切相关的是"抗震设防区划，包括场地适宜性分区和危险地段、不利地段的确定，提出用地布局要求"。

3. 矿产资源开发保护控制线

1）矿产资源

《自然资源部关于全面开展矿产资源规划（2021—2025年）编制工作的通知》（自然资发〔2020〕43号）明确要求市县规划主管部门编制市县矿产资源总体规划，其中与详细规划土地使用相关的内容是勘查开采与保护布局。具体内容包括：①明确勘查开采与保护布局优化调整的方向和措施，全面落实上级规划确定的规划分区，确保边界范围、政策和监督管理措施落地；②科学布局和合理划定本级审批发证矿业权的勘查规划区块和开采规划区块，并明确相关管理措施；③对于砂石土类矿产，划定集中开采区，明确区内采矿权投放总量、最低开采规模、矿区生态保护等要求，促进资源规模集约开发、合理利用；④对确实需要对砂石土类矿产进行详细安排的市县，也可划定开采规划区块进行合理布局。

与建设项目管理密切相关的内容是严格规划准入管理。从绿色勘查、开采规模、开发利用水平、绿色矿山建设、矿区生态保护修复等方面提出准入条件，明确采矿管理要求。

2）地下水资源

水资源属于国家财产，除农民自用之外，其他情况实行有偿使用的制度。与详细规划相关的主要是城市地下水资源的开发利用，除城市生产、生活用水之外，还包括利用地下水的冷/热资源等。地下水的开采对其地面的建设使用影响很大，过度开采容易造成地面沉降和生态环境的破坏，详细规划需要从土地利用管理的角度严格落实地下水资源管理的内容和要求。

根据国家和省市有关法律法规制定地下水资源保护利用规划，核心内容包括地下水资源及其开发利用现状、区域水文地质条件、存在问题、地下水保护利用目标、主要任务和措施等，对辖区地下水合理利用、有效保护及治理修复等作出系统部署。对地下水资源超采地区的保护利用规划应划分禁止开采区和限制开采区。地下水禁止开采区内，不得新建、改建、扩建地下水取水工程，县级以上地方人民政府水行政主管部门应当限期关闭地下水禁止开采区内已建地下水取水工程。地下水限制开采区，应逐步削减地下水取水量。为保障民生需求和支撑高质量发展或者对用水有特殊要求确需取用地下水的新建项目，许可水量或用水指标应通过核减其他取水户地下水取水量或通过用水权交易获得。

3）采石取土

根据《市县级矿产资源总体规划编制要点》的要求，基于本地的资源和产业特征，可以增加砂石土类矿产集中开采区划分表等；例如广东省的陶瓷产业和建筑产业比较发达，采石取土对自然环境的影响很大，为加强保护自然景观和生态环境，有效利用矿产资源，特别制定了《广东省采石取土管理规定》。市、县级地矿主管部门在确保自然景观和生态环境不受破坏的前提下，根据经济建设和社会发展的需要，负责组织有关部门对本行政区域内石矿、黏土矿开采拟订统一规划，划出可采区和禁采区，并拟订自然生态环境治理标准，报同级人民政府批准后予以公告。

4. 历史文化保护线（含紫线）

历史保护对象是一个庞杂的系列，国家标准只是原则性规定的文物保护单位、历史保护建筑、历史文化街区、历史文化名村、名镇等物质性空间保护对象，保护的思想原则、目标和方法都存在较大的差异。地方实践经常是在法律法规的基础上进行扩展，将更多的具有地方性历史文化价值的物质遗产纳入规划保护的范围，比如广州市的历史文化保护对象包括：历史城区、历史文化街区、历史文化名镇、历史文化名村、传统村落、历史建筑、传统风貌建筑、文物保护单位等。就历史保护对象的空间特征而言，一类是单栋建筑或建筑群，比如单栋的历史建筑、传统风貌建筑或文物保护单位等；另一类历史保护对象是一个空间区域，其中既有文物单位和保护建筑，也夹杂其他类型的建筑。

为加强城市历史文化保护的规划管理工作，中华人民共和国建设部令第119号发布《城市紫线管理办法》。城市紫线，是指国家历史文化名城内的历史文化街区和省、自治区、直辖市人民政府公布的历史文化街区的保护范围界线，以及历史文化街区外经县级以上人民政府公布保护的历史建筑的保护范围界线。除了划定历史保护的范围之外，为保护其历史环境的保护专项规划，还依据历史文化保护对象的重要性分别划定"建设控制地带"，城市紫线和建设控制地带是历史保护规划管理的主要空间领域。

历史保护的对象及其分类标准会随着社会经济发展和文化诉求的提高而不断地扩充，因此，现实中的紫线并不完全都在城市总体规划中划定，而是根据调查结果和发现的历史建筑线索适时编制相应的保护规划。其内容包括确定历史保护的范围和建设控制地带，制定详细的土地使用规定和开发建设要求。其具有与详细规划相似的规划管理作用，一些城市将详细规划阶段的保护规划视为特殊类型的详细规划。

5. 工业区块保护线

城市发展进入存量发展和更新时代，居住用地和商业用地通常比工业用地具有更高的直接经济价值，因此"工业用地更新转化为居住用地或商业用地"的情形远远大于其他用地转化情形。比如，为保障工业用地供给，推动制造业高质量发展，广东省率先推行了"划定工业用地保护红线"和"产业保护区块"等举措。

东莞市工业保护线分为红线保护和蓝线保护，工业红线是为保障城市产业长远发展而划定的，需要长远保护的工业用地范围线；工业蓝线是为稳定城市一定时期内工业用地总规模而划定的工业用地保护过渡线，未来可结合城市发展需要逐步调整。

深圳对工业区块线内工业用地和以工业为主导方向的发展备用地实施严格保

护，除因公共服务设施、市政和交通基础设施、绿地、广场、人才住房和保障性住房等公共利益需要外，原则上不得作为其他非工业用途。在公共配套条件支撑的情况下，位于已建成或近期规划建设的轨道站点 500 米范围内，因建设配套人才住房和保障性住房需要，可以调整一级线[1]内工业用地用途，但调整的工业用地面积总量应控制在该区块的 10% 以内。

3.1.2 发展目标与土地使用管控要素

1. 发展目标

城市总体规划的发展目标主要包括社会、经济、环境、文化和空间发展等 5 个维度，详细规划需要在 5 个维度分解和落实总体规划目标，同时还需要回应相应现实的发展诉求。

（1）社会发展目标

①人口规模，根据规划片区的土地用途分别需要明确居住人口规模和就业人口规模；②社会人口的结构指标，比如老年人口的比例、容纳移民人口、少数民族等；③住房指标，包括各类型公共住房的目标和指标等。

（2）经济发展目标

规划片区的经济总产值，主导产业的产值及其经济构成的比例结构等。

（3）环境发展目标

①明确规划片区的最低排放标准，空气、噪声、排水、垃圾、危险品等；②碳排放的目标和要求；③明确规划片区的环境标准分区。

（4）文化发展目标

①历史文化遗产的分布和保护要求，物质遗产的要求、非物质遗产的要求等；②新建设开发的文化要求，开发的形式风格与城市风貌要求。

（5）空间发展目标

主导用途、建设规模和空间形态等。

2. 空间结构与功能布局

在现状调查和相关规划底线要求的基础上，确定各类用地内适建、不适建或者有条件的允许建设的建筑类型；并参照总体规划目标和规划的现实诉求，确定规划

---

1. 为保障城市长远发展而确定的工业用地管理线。

范围内不同性质用地的界线。其规划与管理有如下要点。

①分析研究城市自然生态空间结构，构建规划区域的蓝绿基础设施网络，明确规划片区发展的底线；②依据城市现状特征和总体规划的空间结构，通过强化中心、延伸轴线、创造节点的方式将规划区域的空间结构与城市总体结构有机地联系起来；③依据总体规划目标和发展诉求，合理地进行功能布局，突出主导功能，鼓励混合使用，妥善处理产业、服务、居住之间的功能关系。

3. 土地使用规划图及其注释说明

土地使用规划图是发展目标的空间落实与管理转化的关键环节。

城市发展目标在文字表述中阐释核心规划理念，比如可持续发展、活力、全球城市等。以城市居住的"宜居"目标为例，城市规划落实"宜居"的目标第一是提供住宅用地、学校、医院等公共服务设施用地，零售、餐饮等生活服务设施，满足休闲娱乐活动的公园和运动场地，以及道路交通和市政基础设施等，这就是与"居住"相关一系列土地用途；第二，围绕居住生活的公共设施和生活服务设施应该合理布局；第三，提供的土地能够支撑满足居住需要的建设规模。

就规划制定响应居住发展目标而言，大体可以分成三个层次：①土地用途类型与规划目标之间的关系是"有无"的存在性关系，属于"是/否"事实判断问题；②用途的空间布局与规划目标的关系要求是"序"的关系，属于"好/坏"价值的判断问题；③土地使用强度和建设规模与规划目标的关系是"量"的关系，"是否满足"属于科学评价问题。作为规划管理的技术咨询人员，评判规划成果的标准就是检查目标与成果的一致性，核心是检查土地使用规划图与规划目标的对应关系，用途、布局、规模是衡量土地使用规划的三个关键要素和审视的维度。

规划管理的依据是"法规"，治理原则是"依法"（rule of law）而不是"以法"（by law），这就要求具有法定管控作用的详细规划文件的地位在行政管理部门之上，而不是由其掌握。尽管详细规划成果是法定文件，但是可作为法定文件实质性内容的只有"土地使用规划图"和"文本"，其他的部分都是土地使用规划图的解释和说明，建设和管理的依据和标准都集合到土地使用规划图，详细的地块图则内容从属于整体的土地使用规划。比如香港的"分区计划大纲"（OZP）是法定图则，其成果形式只有一张图和注释；解释说明性甚至管理使用的"开发计划大纲图"是政府内部文件，可以适时修改。法律最重要的特征就是严格的形式和程序，包括词语使用和表述方式等，香港的"分区计划大纲"体现严格的法律形式要求，以"分区图+

注释"的形式呈现法律的要求,这是"任何人未经法定程序都不能改变的内容",为适应城市发展可以适时调整的内容进入"开发计划大纲",这就在形式上区分了规划实施的方式。可见,详细规划的法制化首先应该完成形式上的法制化,分区计划大纲图提供了可以直接学习的样本。

4. 土地利用管控要素

1) 土地用途

(1) 用途分类与用途分组

作为法律文件的土地用途分类表,通常有两种类型,用途分类和用途分组;我国用地用海分类标准采用用途分类的方式。用途分类是用途管制的核心内容,包括指定地块用途,以及在项目审批过程中检查土地用途和建筑用途与土地指定用途的一致性。土地用途分类表通常依据法律制定,规划的作用就是在用途分类表中选择一个或一组用途指定给特定地块,建设项目的审批与许可就是检查申请建设项目的用途是否与规划指定的用途一致。用途分组是基于活动的相容性,把相容的活动归为一组,把不相容的活动或建筑类型分开。

(2) 土地用途与建筑用途

所谓土地用途就是这块土地上现状或规划允许的活动类型总和。一般而言,我国详细规划的地块性质只能规定建筑的类型,还没有深入到楼板用途(楼板上的活动)的层面,这就引起建成环境使用的诸多矛盾。

(3) 混合用途与土地兼容性

混合用途是一个地块允许出现两个以上的用途,比如居住和商业;土地兼容性是指规划指定了一类用途,按照兼容表的要求可以替换或增加兼容的用途。混合用途和土地兼容性是两种不同的管理方式,其目标和结果比较接近,混合是城市活力的基础。

2) 密度

(1) 建设强度指标

容积率,即建筑楼板密度,这是衡量土地使用强度的核心指标;建筑密度是指建筑基底面积与地块面积的比值;开敞空间率是地块内的空地面积与总建筑面积的比值,这是控制居住环境质量的重要指标之一。

(2) 人口密度指标

人均建设用地和人均居住用地,这是反映人居环境和土地使用绩效的重要指标;每公顷的居住单元,这是控制居住密度的指标;人均居住面积和居住单元面积,这是反映居住水平的指标。

3）退让与间距

建筑物退让，指建筑外墙应距离城市道路或用地红线的距离，这是塑造城市空间、协调邻里关系，确保建筑物安全、道路交通畅通以及电力设施正常运行的重要指标。

建筑间距，指建筑之间的距离，建筑间距的具体定义各地略有差异。建筑应根据建设所在地区的日照、通风、采光、防止噪声和视线干扰、防火、防震、绿化、卫生、管线埋设、建筑布局形式，以及节约用地等要求，确定合理的建筑间距。我国大部分地区的住宅布置，通常以满足日照要求作为确定建筑间距的主要依据。

4）地块最小尺寸

为保证正常使用、建设质量和居住环境，地块细分都有最小尺寸限制，不同用途地块最小尺寸不同。

5）土地使用强度和土地绩效指标

土地使用强度的控制主要通过容积率和建筑密度、建筑高度等指标来控制。容积率是指一个小区的地上建筑总面积与净用地面积的比率，又称建筑面积毛密度。建筑密度是指建筑物基底面积占总面积的比例，它反映了建筑物的覆盖率和密集程度。容积率与建筑密度和建筑高度有关，具体关系为：容积率 = 建筑密度 × 平均层数。

容积率的管控既包括具体的定值，也包括根据特定区域和建筑类型设定的区间值。为了提高土地利用效率，集约节约利用土地，可采用以下指标进行土地利用管控：用地容积率的上限和下限；单位用地的资金投入指标；单位用地的产值或税收贡献指标；单位用地的环境控制指标；用水量、碳排放等。

3.1.3 综合交通管控要素

根据交通需求分析，以及总体规划或城市综合交通规划明确道路的功能和等级，规定各级道路的红线、断面、交叉口形式及渠化措施、控制点坐标和标高，控制轨道站点、公共交通场站用地范围和站点位置、步行交通以及其他交通设施。

1. 道路红线

道路红线一般是指道路用地的边界线。有时也把确定沿街建筑位置的一条建筑线称为红线，即建筑红线。它可与道路红线重合，也可退于道路红线之后，但绝不许超越道路红线，在红线内不允许建任何永久性建筑。

城市总体规划给出主次干道的位置和断面，详细规划根据总体规划和道路系统专项规划的要求落实到控制点的坐标和标高，确定道路断面及其红线位置。规划应根据发展目标划定规划片区所有市政道路的红线，可以图示地块内非市政路的走向和通行要求。

一般而言，道路红线范围属于城市道路产权范围，任何私人建设都不能侵占，道路红线内的设施安排应服从城市交通规划等；详细规划可以提出跨越道路空间的设施安排和建议，诸如地下通道和人行天桥等。

道路红线与用地红线有可能重合，也可能是不同的规划边线。这两条线之间的用地由城市规划部门确定，属于城市用地，建设单位不得占用。建筑的任何突出物均不得突出用地红线。各地城市规划行政主管部门常在用地红线范围之内另行划定建筑红线（建筑控制线），以控制建筑物的基底不超出建筑控制线。两条线之间的用地，建设单位可以作为地面停车、绿化等功能用地使用。地下建筑可以越过建筑红线，但不可超越用地红线。

2. 轨道站点、公交站点的位置和规模

城市轨道站点是带动片区发展的重要因素，轨道站点的选址由城市轨道交通规划确定，依据轨道网络节点的交通特征安排土地用途并确定开发强度。城市公交站场是由单元规划选址和安排建设用地，以优化运营线路和服务公众为原则安排公交站场，根据用地条件和周边用途综合考虑复合使用。

3. 步行交通及其他交通设施

依据城市总体规划和综合交通规划的目标和要求，结合规划片区的场地环境和功能特征，科学分析预测步行和自行车的交通需求，明确步行和自行车交通的规划目标和原则。衔接城市现状步行系统，兼顾功能交通和休闲运动的双重需要，规划构建步行和自行车网络。明确步行和自行车交通空间安全措施，以及铺装、街道家具、绿化和指示标牌等舒适性设施。

4. 地块交通出入口与停车

规划管控要素包括：人行道、自行车道和机动车出入口的位置，地面停车和地下停车的数量、尺寸，以及地面停车的美化和维护要求等。停车数量控制分为上限控制和下限控制两种方式，对于城市中心区等，为了限制小汽车的使用，一般采用上限数量控制；城市一般地区则采用下限数量控制，避免因车位不足引起的停车问题。配建停车位的标准比较多样，可以以建筑面积为标准配建停车位，也可以采用就业人数或服务人数来配建停车位，比如影剧院和体育馆等，配建停车指标应该与配建的目标一致。

3.1.4 城市公共设施管控要素

城市公共设施按照性质属性可以分为"城市公共管理与公共服务设施"和"商业服务业设施"两大类别，这两类用地的获得方式不同。如果按照城市公共设施的服务范围，可以分为"城市级公共设施"和"社区级公共设施"。

借鉴国外城市公共设施规划和实施管理的经验，依据服务范围，公共设施分为"中心服务区"和"社区服务用地"两个类别。中心服务是城市的核心功能，城市公共服务包括文化、大学、赛会的体育设施、城市公园等；商业服务设施包括大型购物中心、服务产业金融和贸易中心、科学研究中心、休闲娱乐中心等；城市中心服务的范围是市域和区域，承担城市主导功能，而不是满足本地居民需求的配套设施；对于大城市而言中心服务是一个多中心、多层级的中心服务体系，这需要综合交通支持，作为动态系统不断地演化发展。社区服务设施的规划则简单许多，通常社区按照人口规模确定，服务社区人口的公共设施的类型和标准都是相对固定的，规划工作的中心主要是依据社区居住密度的特征具体安排社区设施用地。服务的对象不同，两类公共设施的规划布局原则不同：中心服务区的规划重点是扩大交通辐射区域和塑造混合功能的活力区；社区服务设施规划是在明确社区边界的基础上，为本地服务选择恰当的位置，公共设施的类型和规模都是比较稳定的。

在我国的规划制度下，详细规划作为承接总体规划目标和要求的下位规划，首要的工作是落实城市层级的公共设施；其次是安排规划片区的居住人口所需要的公共设施，一般采用居住区的配套建设标准，逐次分为居住组团、居住小区、居住区等层级，超过居住区规模的需要考虑城市层级的公共设施。详细规划对独立用地和非独立用地的公共设施分别作出安排。独立用地的公共设施需要在片区土地使用规划图上划出具体地块，并给出规划建设规模和要求；非独立占地的变成地块配建公共设施的条件，诸如中小学校和社区医疗设施的用地规模，各地的标准差异较大，需要及时掌握地方性的规划建设标准。

3.1.5 市政设施管控要素

详细规划根据规划建设容量，确定市政工程管线位置、管径和工程设施的用地界线，进行管线综合。其中市政公用设施包括供水设施、污水设施、电力设施、燃气设施、环卫设施、通信设施、雨水设施和综合防灾设施；市政设施重要廊道包括燃气管廊、高压线走廊、综合管廊和微波通道。对重要的市政设施，依据《城市黄线管理办法》的要求，在编制详细规划时，应当依据城市总体规划，落实城市总体规划确定的城市基础设施的用地位置和面积，划定城市基础设施用地界线，规定城市黄线范围内的控制指标和要求，并明确城市黄线的地理坐标。

3.1.6 开放空间与蓝绿基础设施网络

城市开放空间具有游憩、生态和美学价值，主要包括以下类型和管控要求。

1. 公园绿地及广场

绿地及开敞空间作为公共产品在规划中的生产方式主要有三种：①在详细规划范围内划定的各类"公共绿地"，首先是落实上位规划要求的城市公园或区级公园等，并且尽量改造利用现有的自然资源；其次是结合总体规划和专项规划要求确定规划范围的开敞空间体系，包括社区公园、绿化林荫道、防护绿地等各类公共绿地，公共绿地的规模和面积应符合总体规划设定的指标。②制定地块绿地率控制指标，以及提出地块绿地的位置和布局要求的建议，尽量使之与公共绿地形成一个整体，提高绿色空间的视觉品质和生态功能。③在现状调查研究的基础上，加强古树名木的保护利用，尽量保持场地的历史记忆。

2. 生态廊道

生态廊道的理论含义是野生动物栖息地走廊或绿色走廊，规划的目的是连接受到人类活动或人工结构体分隔的野生动物种群的栖息区域。中国规划实践中借用的"连通"各类绿色斑块的功能，用于连通和整合城市内外现状及规划的蓝绿开敞空间，使之形成绿色基础设施网络。

生态廊道的规划范围不仅包括城市绿线、城市蓝线等公共开敞空间，还包括耕地、园地、鱼塘等农业生产空间，也可以在现状和规划的其他建设用地范围划出需要保留的绿色空间，或控制部分建设用地作为绿色通廊。因此，生态廊道不是一种用地类型，而是城市内外各类蓝绿空间的总和，这是城市发展的绿色基底，可以作为管理城市发展和建设项目的规划工具。比如，《广州市生态廊道总体规划与生态廊道规划建设指引》就规定了生态廊道的最小宽度，以及生态廊道内允许的用途和土地使用强度等。

3. 绿线控制要求

城市绿线是指城市各类绿地范围的控制线。城市绿地系统规划是城市总体规划的组成部分，应当确定城市绿化目标和布局，规定城市各类绿地的控制原则，按照规定标准确定绿化用地面积，分层次合理布局公共绿地，确定防护绿地、大型公共绿地等的绿线。详细规划应当提出不同类型用地的界线、规定绿化率控制指标和绿化用地界线的具体坐标。修建性详细规划应当根据详细规划，明确绿地布局，提出绿化配置的原则或者方案，划定绿地界线。

4. 蓝线控制要求

城市蓝线是指城市规划确定的江河、湖、水库、渠和湿地等城市地表水体保护和控制的地域界线。在详细规划阶段，应当依据城市总体规划划定的城市蓝线，规定城市蓝线范围内的保护要求和控制指标，并附有明确的城市蓝线坐标和相应的界址地形图。城市范围内江、河、湖、海等水体的边界线，应该根据相关专业部门的标准落实或划定。江、河、湖、海的自然水位随时间和季节是动态变化的，然而规划管理的边界线是确定的、稳定的，因此城市蓝线内的空间包括河道、滩涂等水空间。

3.1.7 地下空间管控要素

一般而言，地表以下的部分称之为地下空间。根据地下建筑与地面建筑的关系，将独立建设的地下建筑称之为单建式地下空间，地上和地下整体建设的地下部分称之为附建式地下空间（有些城市称之为"结建式"）。

城市总体规划要求编制地下空间专项规划，并且要求地下空间专项与城市人防工程规划、综合交通规划充分协调，平战结合，复合开发利用地下空间。城市中心地区、大型公共设施、商业设施和交通枢纽地区应研究编制地下空间详细规划，地下空间详细规划可以单独编制，也可以与规划区域的详细规划同时编制。一般城市地区的详细规划需要说明地下空间的规划内容。地下空间规划建设涉及产权和复杂的工程技术协调问题，也是详细规划管制的难点之一，各地还在实践探索。综合而言，地下空间开发利用控制与引导的要素主要包括：布局形态与容量、结构与功能、水平层次的组织、竖向层次的组织、地下公共空间、交通组织、保护与更新、政策与设施运作八个方面。地下空间规划控制的关键点包括三个方面：引导地上地下衔接出入口设计，保障舒适的地下空间内部环境，营造宜人、安全的公共空间场所。

单元详细规划中，地下空间需要定位控制的内容主要针对公共通道、公共空间等；地块详细规划中，地下空间需要定位控制的内容主要针对地下空间地块边界、地下空间建设边界、地下空间建筑退线、公共通道、公共空间、出入口方位等。

3.1.8 详细规划管理通则

详细规划管理通则是土地使用和开发建设的通用性规划管理规定，以整体单元规划为技术支撑；地块详细规划是具体项目地块开发建设的个案性控制要求。就内容和适用的范围而言，详细规划管理通则主要分为以下两种类型。

1. 详细规划制定的通则

例如《武汉市控制性详细规划管理暂行规定》《广东省控制性详细规划管理条例》等，这类通则主要是在国家相关技术标准的基础上，结合地方诉求和实践经验，制定适用市域的"详细规划编制办法"，各地方补充完善的程度不一。有些地方仅仅是补充完善规划编制和修改的程序，与国家城市规划编制办法的内容和结构保持一致；有些城市则将一些地方性的规划标准和建设标准纳入通则文件，形成综合性的地方性法规。通则与详细规划成果文件结合构成规划管理和建设管理的法定文件。

2. 建设管理通则

例如《温州市城市控制性详细规划实施管理通则》《六安市控制性详细规划通则》等，属于建设管理通则，其主要规范对象是"建设项目"，适用在项目建设的规划管理阶段；建设管理通则的目的是补充完善建设项目管理中的一般性内容，诸如，建设用地的用途管制和兼容性管理、开发强度指标的计算和变通适用，建筑退让、间距的最低要求，绿地、公共设施、市政设施的配套标准，以及指标计算规则和名词术语的定义和解释等。建设管理通则设定开发项目建设的最低标准，可以直接规范建设项目。

详细规划制定的通则与建设管理通则的规范对象不同，详细规划制定的通则还需要通过规范详细规划的编制行为来管理开发建设项目，而建设管理通则是直接管理开发建设项目，二者的效力和效果不一样。从建立城市建设的底线和统一城市管理标准而言，详细规划的建设管理通则更具实践意义。

3.2 详细规划层面的城市设计引导

3.2.1 城市设计与详细规划

城市设计贯穿于规划建设管理的全过程，既有分析与策划内容，又有具体形体表达的内容，是规划延伸的具体方法。而详细规划是城市设计手段应用最多、最广的层级，主要通过对山水环境、公共空间以及建筑空间的设计，来实现城市空间和界面的营造，统领城市的空间协同，提升空间环境品质，有利于对城市特色的塑造。通过城市设计，从整体平面和立体空间上统筹城市建筑布局、协调城市景观风貌，体现地域特征、民族特色和时代风貌。

城市重点地区需要独立编制城市设计。城市设计重点地区范围以外地区，可以根据当地实际条件，依据总体城市设计，单独或者结合详细规划等开展城市设计，明确建筑特色、公共空间和景观风貌等方面的要求。重点地区城市设计的内容和要求应当纳入详细规划，并落实到详细规划的相关指标中。

详细规划作为法定规划类型，城市设计作为规划方法，二者都是国土空间规划体系的重要组成部分。聚焦于如何将城市设计的编制思路融入国土空间详细规划体系之中，从详细规划内容角度来讲，城市设计是建立健全国土空间详细规划的管控要素规范化表达，完善详细规划管控要求达到刚性与弹性相结合的重要支撑体系。从详细规划流程角度来讲，城市设计通过制定统筹协调各类空间要素，积极探索新的机制协调方法，更新技术工具及技术管理手段，使详细规划成果纳入"一张图"平台管理，通过统一的图则表达，使国土空间详细规划与工程实践衔接，保证城市设计意图的传导。

城市设计是详细规划编制程序的一个环节和工作方法，自然资源部印发的《国土空间规划城市设计指南》明确了不同层面的城市设计方法，包括总体规划、详细规划、专项规划中城市设计的运用方法。总体而言，作为详细规划层面的城市设计，核心内容是"城市设计方案"，主要成果是城市设计总平面、鸟瞰图和三维模型、主要公共空间和开敞空间、建筑高度和城市天际线等，整体、形象性地展示地区发展的空间愿景。但是，城市设计总平面图和三维形体鸟瞰图并不会直接作为规划管理的依据，而是作为详细规划编制的参照，仅仅是将城市设计所描绘的土地利用的内容纳入详细规划文本和图则；有关城市风貌、建筑形态、地方文化特征等形态控制的因素纳入管理文件或城市设计导则，作为指导性的要求管理开发建设。

城市设计成果的部分内容可以被纳入详细规划的法定文件。详细规划层面的城市设计编制方法既需要衔接相关专项规划，也需要将城市设计的成果表达分解细化，转化为国土空间详细规划的指标管控，才能保证城市设计成果的实施，达到空间要素管控要求。早在本世纪初，SOM 公司在深圳和广州的规划设计项目中引入"城市设计导则"的管理工具。城市设计导则实质上是建筑形态控制图则的注释和说明，为适应中国的规划管理制度，将详细规划强制性指标用图则 A 表达；通过城市设计补充完善了建筑形态控制指标后，将指导性指标用图则 B 表达。以上图则作为指导性指标没有纳入土地出让条件，只是在建设项目的审批环节使用，具体实施效果主要取决于规划管理的领导水平。2010 年后，上海尝试以附加图则的形式推动城市设计法定化，针对重点地区要求编制详细规划附加图则，并纳入土地出让合同，将相关管控要求与后续土地出让、建筑管理紧密衔接，确保了城市设计落地实施。

详细规划层面的城市设计编制为国土空间详细规划提供了整体统筹、以人为本、因地制宜和问题导向的视角，可作为法定规划编制的参考，也可作为详细规划的具象表达。一方面，将城市设计方案视为详细规划编制的前提和依据，详细规划可以完成城市规划设计意图的立法过程，确保意图得到落实；另一方面，将城市设计视为详细规划的深化和具象表达，城市设计图纸弥补了详细规划指标与图则抽象难懂的缺陷，完成了从抽象指标到具象空间的"翻译"过程。因此，虽然只能将详细规划层面的详细规划和城市设计视为两个独立的规划工具，但在某些情况下，为响应现实的管理需求，二者可以灵活地组合。

3.2.2　编制目标

目前，中国城市的发展已从快速扩展用地建设转向存量用地盘活，一些城市开始出现"城市收缩"迹象，城市建设进入了以再开发、提升质量为主的城市更新与存量空间优化的时代。城市设计在国土空间规划的应用核心在于作为详细规划的编制依据优化土地使用品质、高效利用资源。因此城市建设要有一个科学合理的城市规划目标与机制来导控，这对国土空间详细规划提出更高要求，城市设计的作用也越来越重要。详细规划层面的管控一般分为法定管控和引导管控两种方式。其中法定管控是指通过编制法定规划和规划许可制度实现用地管控、设施管控和指标管控，引导管控是指通过城市设计导则与指引，干预建设工程中的形态管控、风貌管控和特色管控。

详细规划层面的城市设计编制目标在于，基于国土空间总体规划确定的原则，分析该地区对于城市整体的价值，为保护或强化该地区已有的自然环境和人造环境的特点和开发潜能，提供并建立适宜的操作技术和设计程序，并通过详细规划层面的城市设计研究，指明详细规划层面的管控重点。具体包括以下五点目标。

1）塑造人性化的公共空间

结合自然山水、历史人文、公共设施等资源，优化片区公共空间系统，明确广场、公园绿地、滨水空间等重要开敞空间的位置、范围和设计要求。重点组织慢行系统、游览线路等公共活动通道，打造开放舒适、生态宜人的行为场所体系。

2）营造清晰有序的空间秩序

合理确定地块建筑高度、密度和开发强度，对重要地块进行细化控制引导。组织建筑群落关系，强化空间艺术性，形成建筑群体的整体特征，谨慎处理高层住宅与新建超高层建筑的外部空间形态组织。对重要街道的沿街立面、建筑退线、底层功能与形态、立面与檐口等提出较为详细的导控要求。

3）优化功能组织与设施布局

确保不同功能区域的合理组织和设施布局，包括对商业区、住宅区、办公区等不同功能区域进行合理划分和布局，以满足人们日常的需求和活动。同时，要考虑不同功能区之间的连接和交流，以确保交通的便捷和流动性，促进城市的整体发展。

4）协调交通、市政、景观、生态等诸多系统

通过科学规划和布局道路、公共交通等交通设施，以及供水、供电、排水、垃圾处理等市政设施，确保城市基础设施的可靠性和高效性。同时，注重设施的可持续性，采用节能、减排的技术和措施，提高资源利用效率，减少对环境的负面影响。此外，还应重视生态保护和恢复，保护城市的自然生态系统，包括湿地、森林、水域等，推动生态城市建设，实现人与自然的和谐共生。

5）传承历史与人文空间格局

详细规划层面的城市设计在具体编制时要理清由国家文化精神与地方山川、历史、人物、理想共同交织而成的历史与人文空间格局。不仅要重视物质功能和空间形式，更应重视其空间的人文精神内涵，做到物质空间规划与人文精神内涵的融合。城市的历史与人文空间格局是城市文化精神的关键，也是城市文化生命的所在。

3.2.3　一般地区城市设计引导

城市一般地区的城市设计包括住宅区、工业区、商业区等不同功能区域的设计。对于城市一般地区，在设计引导中应统筹考虑地区的功能定位、空间布局、交

通输配、生态环境等方面，以实现地区的合理利用和发展。

其中，住宅区设计引导中应重点关注住宅区的公共性和舒适性，考虑居民的居住需求和生活方式，注重开放空间的设计，包括公共绿地、休闲设施等，提升居民的空间交往和生活质量；工业区是专门为工业生产和制造活动而设立的区域，出于环境保护的要求，工业区设计时需要满足对污染物排放的控制、安全生产的保障等，以确保工业活动对周边环境和居民的影响最小化；商业区应当包含多种类型的商业设施，如零售店铺、餐饮场所、咖啡厅、娱乐设施等，以满足不同消费者的需求，同时也可以结合办公区、文化娱乐区等功能，形成多功能性的综合商业区。

在一般地区城市设计引导中，需要合理规划不同功能区域的布局，包括居住区、商业消费区、商务办公区、休闲娱乐区等，确保功能之间的协调和便利性；设计功能区域之间的联系通道和交通节点，便于居民和企业的出行和互动；规划公共空间，如广场、公园、步行街等，为居民提供休闲娱乐场所。尤其是在设计住宅区时，需要考虑公共设施和社区配套设施的规划，包括社区活动中心、健身设施、儿童游乐场等，提升居民的社区互动质量和生活便利性。在一些区域设计公共绿地、景观绿化带、生态廊道等绿化空间，提升城市生态环境质量；保留现有绿地和树木，结合新建绿化景观，打造宜人的绿色环境；引入生态水系，如人工湖、溪流等，增加景观吸引力和生态功能。针对其中的建筑设计控制，可以通过设定建筑高度、密度、容积率等控制标准，保证建筑风貌统一、城市形象和谐；规定建筑外立面风格、材料和色彩，确保建筑风格与周边环境协调；设置建筑功能分区，如商业底层、办公中层、居住顶层，以提高建筑利用率和功能性。以工业园区内的城市设计引导为例，应考虑园区建筑的功能性和美观性，并与周边环境协调；建筑材料应符合节能环保要求，应适当引入绿色技术和设施，实现工业园区的可持续发展。

3.2.4　重点控制区城市设计引导

重点控制区是影响城市风貌的重点区域，应在满足城市一般地区设计要求的基础上，统筹考虑各类设计导控要求，采用协同式方法，通过精细化设计手段，打造具有更高品质的城市地区，实现综合价值的最优化。重点控制区包括以下四种类型：①对城市结构框架有重要影响作用的区域，如城市门户、城市中心区、重要轴线、节点等。②具有特殊重要属性的功能片区，如交通枢纽区、商务中心区、产业园区核心区等。③城市重要开敞空间，如山前地区、滨水地区、重要公园与广场、生态廊道等。④城市重要历史文化区域，如历史风貌与文化遗产保护区、传统历史街区、老城复兴区、工业遗产等。

1）对城市结构框架有重要影响作用的区域

如城市门户、城市中心区、重要轴线、节点等，该类型区域需要建立与城市整体框架相衔接的空间结构与形态，在设施布局、公共空间、路网密度、街道尺度、建筑高度、开发强度等方面进行详细设计引导，使空间秩序与区位特征相匹配。

其中，城市中心区是城市结构框架中的一个特定地域概念，是城市建设及经济活动的中心，是在长期的城市演替及服务产业的发展中逐渐形成的。遵循城市中心区功能完备、人性化、美观和可持续的设计原则，城市中心区在详细规划层面的设计应重点关注功能设施的有效衔接与空间的高效利用，重点统筹地块间、地块内使用空间与功能设施要素的空间关系，充分发掘空间使用的潜力；在城市设计管控中需关注公共通道的有序组织，重点管控主要公共路径的连续性、立体联系的便捷性，并通过刚弹性兼顾的管控策略实施。由于地标建筑组群及天际线形态的敏感性，城市设计管控中常常需要区分多层与高层建筑的管控分区，并对敏感塔楼的具体可建范围、限高及限低提出精确管控要求。另外，城市中心区在设计阶段应通过建筑体量的可行性研究，确保管控规则的可实施性，给予管控项合理的取值，避免管控规则因与工程设计规范矛盾而无法落地。

城市门户是外部形象展示与内部交流活动的重要节点，其通常作为城市结构框架中空间结构和序列景观的开端，起到体现城市特色，传达城市精神与文化信息的作用。城市设计引导需要使其能最大化地满足人和城市发展的各种需求，有效整合利用资源，优化配置市民居住、办公、商业、交通、绿化等城市空间注重协调各功能要素的特性，注重城市综合体地上和地下空间的综合利用，让城市门户地区在城市发展过程中发挥更大的效用。考虑到空间序列的完整性和连贯性，城市门户应成为城市空间序列的起点，通过城市轴线和视觉引导，引领人们从门户进入城市。设计要注重空间布局和连通性，确保城市门户与城市其他部分的顺畅过渡，营造出流畅、有序的城市空间序列。

重要的城市轴线在城市结构框架中起到以线形空间要素驾驭空间结构的作用，也是城市要素结构性组织的重要内容。一般来说，城市轴线是通过城市的开放空间体系及其与建筑的关系表现出来的，并且是人们认知体验城市环境和空间形态关系的一种基本途径，如城市中与建筑相关的主要道路、线形的开放空间及其端景等。这种轴线常具有沿轴线方向的向心对称性和空间运动时伴随人流和车流运动特性。从轴线在城市中的功能作用而言，城市中轴线可分为发展轴线、景观轴线和功能轴线三种类型。发展轴线对城市的结构拓展方向和城市功能转移方向起控制作用，大多具有较明显的交通走廊性质，还有沿海岸线发展、沿江发展等也属于发展轴线的范畴。景观轴线则对城市的景观体系起着支配作用，是城市主要景观节点联系的走廊。而功能轴线的线性地段内集中了类似或相关联的特殊城市功能，如北京老城，行政功能的线性集中形成了城市中轴线。

城市轴线的营造通常可以从开端区、过渡区、高潮区、结束区四大区域进行空间序列的展开。开端区有较强的城市标识性，建筑或自然山体是其常见的方式。过渡区营造城市广场、公园等空间，为市民提供交流空间。高潮区多以重要文化建筑或文化建筑群进行空间营造，形成城市的精神内核。结束区需要考虑城市的生长性，并不是严格意义上的结束区，更多的是以城市的展望或升华为目的，是城市轴线未来发展的生长点。当然，城市轴线的延伸，会形成多个过渡区和高潮区，从而形成秩序井然、节奏鲜明、富有活力的城市中轴线。此外，需要注重实体和空间轴线的相互混合，既有大尺度的城市礼仪空间，也要有小尺度的市民生活空间，警惕过于空旷、割裂空间的城市轴线的出现。

2）具有特殊重要属性的功能片区

此类区域是指城市中为特定功能或特殊需求而设立的区域，因而具备特殊的重要属性，如交通枢纽区、商务中心区、产业园区核心区等。该类型区域需要关注与周边组团的联动，在土地混合利用、公共空间系统营造和交通接驳等方面统筹考虑。

其中，交通枢纽区是指城市多种交通运输方式（包括陆路、水路、空路等）交会的城市地区，其以优越的形象塑造、人流和物流保障等优势条件，成为城市空间增长的热点，吸引了大量商业、服务业和商务设施在此集聚发展。遵循交通枢纽区的功能混合和空间复合利用原则，通过城市设计实现交通、商业、居住等功能的有机结合，促进城市的高密度、紧凑化、集约化发展。交通枢纽不应只被视为一个纯粹的交通工具交会点，而应更多地考虑作为集商业、社区、娱乐等功能于一体的复合功能区。如常州火车站地区设计中，除了满足基本的交通换乘需求外，还充分考虑了人的生活需求，平衡交通和生活的关系，从而创造出有活力的城市空间。设计时应考虑交通枢纽与周边区域的联系，促使城市与公共交通区域的联动发展。其中，步行线路的设计尤为关键，需要有利于周边区域能快速、方便地与交通枢纽连接；同时，交通枢纽区域通常位于城市的关键地段，土地资源极其珍贵，因此，设计时应充分利用空间，对地上和地下资源进行垂直开发，实现空间利用的最大化。

<u>商务中心区</u>集中了大量的商务办公和酒店、公寓等设施，是城市经济活动的核

心区域。商务中心区以高密度商务建筑、商务功能聚集、交通便捷性、高度可识别性和完善的商务服务设施为特征。因而，商务中心区的开发建设容量确定是设计时考虑的首要因素，需要考虑商务中心区的土地利用、建筑密度、容积率等因素，以确保商务中心区的发展与城市整体规划相协调。要在有限的空间内最大限度地发挥功能，通过合理布局和引导，实现空间的高效利用，提高商务活动的效率和便利性；同时还应考虑弹性发展原则，即在满足当前需求的基础上，留有空间和可能性进行未来的扩展和调整。这需要考虑到未来城市发展的需求和变化，为商务中心区的可持续发展提供保障。

在商务中心区的城市设计引导中，可以通过依托轴线构建的方式，在内部建立清晰的空间结构和导向，使得整个区域具有明确的组织和连贯性。轴线可以作为空间构建的骨架，帮助打通不同重要设施和环境之间的联系要素，提升商务中心区的整体形态和功能性。例如，可以采用多基面公共空间系统的手法，即在不同高度和层次上设计公共空间，形成立体化的空间结构。通过多基面设计，可以丰富商务中心区的空间层次和体验，提升空间品质和功能性，为商务活动和人流提供更多选择和便利。

产业园区核心区是产业园区中的重要组成部分，是吸引创新人才和科技企业入驻的核心区域。产业园区核心区的塑造中通常会突出体现科技创新、创意发展的形象，以吸引更多的科技人才和创新型企业。根据不同特征和属性，产业园区核心区可以分为科技创新核心区、制造业核心区、文化创意核心区等不同类别。在设计产业园区核心区时，应通过设计灵活多变的空间布局，适应不同产业需求和发展变化。可以设置科技研发中心、孵化器、共享实验室等设施，为科技创新提供支持和平台；塑造现代化、科技感的整体风貌，展现科技创新的氛围和形象。应注重运用科技手段，如智能化管理系统、绿色建筑技术等，提升产业园区核心区的效率和可持续性。通过数字化技术和智能化设施的应用，优化产业园区的运行管理，提高资源利用效率和环境友好性。

3）城市重要开敞空间

城市重要开敞空间是指城市规划中具有重要意义和功能的开放空间。这些空间通常是城市中的公共区域，具有较大的面积和开阔的视野，如山前地区、滨水地区、重要公园与广场、生态廊道等。其中，山前地区、滨水地区需要注重生态保护和利用的协调性，对特色要素和重要界面需重点塑造。

山前地区的城市设计引导，应充分整合山水资源，打造具有地域特色和文化内涵的城市空间。利用山水景观的同时，要注重保护和传承当地的历史文化和人文景观，实现自然与人文的有机结合。通过景观资源的整合和文化传承，营造宜人的环境和独特的地域风貌，促进城市空间的品质和吸引力。在水平方向上，控制建筑高度和密度，避免高层建筑对山体景观的遮挡和破坏。在垂直方向上，保持山水景观的梯度感和连续性，确保城市与自然空间的和谐统一。通过双向管控，实现山前地区的景观保护和城市发展的协调发展。可以对山、城的视觉廊道进行控制，保持景观连续性和视觉通透性。参考眺望系统提炼出"山—城"结构骨架，结合城市设计进一步落位地标建筑、高层建筑布局和限高要求，通过合理规划和布局，打造具有层次感和连续性的景观空间，实现山体与城市的和谐统一，提升城市空间的品质和景观效果。

滨水地区的城市设计引导中要注重水环境的适应性，在充分考虑滨水地区的自然条件和社会文化背景的基础上，着重考虑滨水地区的长期发展，确保设计的可持续性。应充分利用滨水地形，营造丰富多样的游憩空间，包括景色和临水区域的设计，拓宽临水边界，确保岸线形态与水面活动相适应；塑造城市滨水天际线，包括前景、中景和背景天际线的设计，注重建筑与水体的呼应，以及建筑与自然环境的对比，利用景观要素的多样性赋予天际线强烈的建筑和艺术效果；综合考虑行为引导性，通过合理组织游憩空间中的行为要素，逐步引导人们从轻度的亲水行为到更深程度的活动，确保游憩空间的递进秩序和行为引导的有效性。

4）城市重要历史文化区域

此类区域是指在城市中具有重要历史价值和文化资源的区域，是地区的文化符号和象征，如历史风貌与文化遗产保护区、传统历史街区、老城复兴区、工业遗产等。该类型区域需要在细化梳理历史文化资源特征基础上进行设计，合理规划空间布局，保护历史建筑和文物，提升区域的文化氛围和品质。

这类区域内部包含大量具有历史和文化价值的建筑物和构筑物，它们在空间布局、建筑形态、装饰风格、色彩和材质上均展现出特定的历史面貌和地域特色。其城市设计引导的重点在于保护和传承独特的历史文化遗产，同时提升区域的活力和吸引力。修复历史建筑和文物，保持其原有风貌和特色，以及引入文化创意产业和艺术元素，激活区域的文化氛围；通过打造宜人的街道、广场和绿地，提升居民和游客的体验感；控制新建建筑的高度、体量和风格，确保与历史建筑相协调，维护区域的整体建筑风貌。此外，还应重视慢行空间设计，优化步行和骑行环境，促进可持续交通发展，提升区域的宜居性和可持续性。

其中，对于老城区，要尤其关注旧城空间的舒适性，通过景观设计、绿化提升、文化活动等手法，提升老城区的空间品质和环境舒适度，营造宜人的城市环境。通过对整体规划布局、建筑空间肌理设计、社区活力聚合设计、文化线路规划等方面的考虑，实现历史文化保护和现代化更新，提升老城区的品质和活力，实现城市空间的优化和提升，使老城区作为城市的文化名片和活力中心，展现城市的历史底蕴和未来发展潜力。

通过综合考虑上述这些方面，实现历史文化区域的保护和活化，使其成为城市的文化名片和宜人的生活空间。除此之外，根据当地特色，应尊重历史文化遗产的原始面貌，保持建筑、街区和景观的历史特色和风貌。如福州三宝城设计中，在修复和更新过程中，以微更新的方式，尽可能保留原有的建筑结构和特征，以保持历史风貌区的独特性和完整性。通过综合考量不同方面的需求和影响，才能够确保设计方案符合文脉传承和整体发展目标。

关键术语

土地用途、混合用途、用地兼容性、红线、容积率、建筑密度、城市蓝线、城市绿线、城市黄线、城市紫线、一般控制区城市设计引导、重点控制区城市设计引导

思考题

1. 简述土地使用规划图的重要地位。
2. 简述"中心服务区"和"社区服务用地"的区别。
3. 简述绿地及开敞空间作为公共产品在规划中的生产方式有哪些。
4. 简述两类详细规划管理通则的区别。
5. 简述详细规划层面的城市设计编制目标。
6. 简述详细规划层面重点控制区的类型划分。

参考文献

[1] 唐燕.控制性详细规划[M].北京：清华大学出版社，2019.
[2] 杨俊宴.城市设计语汇[M].沈阳：辽宁科学技术出版社，2017.
[3] 段进，殷铭，兰文龙.中国城市设计发展与《国土空间规划城市设计指南》的制定[J].城市规划学刊，2022（5）：24-28.
[4] 杨俊宴，孙欣，潘奕巍，等.景与观：城市眺望体系的空间解析与建构途径[J].城市规划，2020，44（12）：103-112.
[5] 孙一民，司马晓，邓东，等."人民城市设计：创新实践与思考"学术笔谈[J].城市规划学刊，2023（3）：1-11.
[6] 匡晓明，陈君，石邢，等.公园城市生态价值的空间转化路径探索——天府中央商务区城园耦合城市设计实践[J].城市规划，2023，47（S1）：55-66+92.
[7] 李和平，靳泓，TERRY N CLARK，等.场景理论及其在我国历史城镇保护与更新中的应用[J].城市规划学刊，2022（3）：102-110.
[8] 王承慧，王建国，刘思佳，等.提升历史城区生活质量的城市设计探索——以太原府城为例[J].建筑学报，2021（S1）：128-133.
[9] 王富海，孙施文，周剑云，等.城市规划：从终极蓝图到动态规划——动态规划实践与理论[J].城市规划，2013，37（1）：70-75+78.
[10] 周剑云，戚冬瑾.控制性详细规划的法制化与制定的逻辑[J].城市规划，2011，35（6）：60-65.
[11] 黎淑翎.《1961纽约市区划决议案》的规制尺度及其技术工具研究[D].广州：华南理工大学，2020.
[12] 苏章娜，周剑云，庞晓媚.用途分类标准作为土地使用权界定的工具——英国用途分类规则的建立、演变和启示[J/OL].城市规划，2024（1）：1-12［2024-05-05］.http://kns.cnki.net/kcms/detail/11.2378.TU.20240124.1702.002.html.
[13] 陈璐.国土空间详细规划的规制分区研究[D].广州：华南理工大学，2022

第 4 章

详细规划单元与综合实施方案

■ 教学要求

国土空间规划体系下详细规划的重要特征是区分了单元层面和实施层面的两层详细规划编制体系。前者注重传导国土空间总体规划的要求,后者注重详细规划的落地实施。本章学习旨在掌握详细规划单元的定位、作用和划定方法,进而把握单元详细规划编制的基本内容要求,并进一步地学习以北京市的详细规划综合实施方案为例的编制特征、内容和审批组织。

4.1 详细规划单元

4.1.1 详细规划单元的定位和作用

1. 详细规划单元的定位

尽管在部分超大、特大城市和一些规划管理手段较为先进的中小城市,详细规划编制和管理已经实施了分层编制和管理,但尚未全国普及。2023年《自然资源部关于加强国土空间详细规划工作的通知》(自然资发〔2023〕43号,以下简称《通知》)中提出,要分区分类推进详细规划编制,按照城市是一个有机生命体的理念,结合行政事权统筹生产、生活、生态和安全功能需求划定详细规划编制单元;各地应因地制宜划分不同单元类型,探索不同单元类型、不同层级深度详细规划的编制和管控方法。《通知》也指出,要加强单元之间的系统协同,深化详细规划编制单元及社区层面的体检评估,强化用详细规划单元统筹城镇开发边界内的增量空间,防止粗放扩张。

在国土空间规划改革背景下，详细规划编制单元既是国土空间全域全要素详细规划编制的空间单元，又是开展详细规划管理和实施监督的基本单元，也是传导落实上位国土空间总体规划的战略目标、底线管控、功能布局、空间结构、资源利用、设施配置等方面要求，统筹加强规划实施管理和监测评估以及对接经济社会管理和基层治理的重要空间载体。

2. 详细规划单元的作用

1）详细规划单元是总体规划传导和详细规划编制的基本单元

在过去经济高速发展和快速城镇化的进程中，城镇地区的传统详细规划通过预设每个地块具体且详细的土地用途和建设要求的静态蓝图模式发挥了积极而重要的作用。但是，传统详细规划编制实践过程中存在诸多问题：①静态蓝图模式带来过度刚性管控难以应对市场、项目的不确定性，导致地块详细规划频繁修改的问题；②总体规划与详细规划间的传导衔接不足，导致上位总体规划的战略性、结构性目标难以被有效传导和分解落实，管控要求在"总—详"之间的传导和转译容易出现偏差；③以区域或项目作为编制范围，委托规模大小不一；④与专项规划也存在衔接不足的问题，专项规划成果和具体管控要求难以及时、有效地转化为详细规划的法定内容，且转译成果规范性不足，难以指导具体建设实施；⑤大多数地区（少数大城市除外）的详细规划是临时按需编制、直接编制到地块深度，存在空间破碎化、缺乏全域统筹等问题。

在乡村地区，2008年开始实施的《城乡规划法》明确了村庄规划的法定地位，2019年发布的《中共中央 国务院关于建立国土空间规划体系并监督实施的若干意见》《自然资源部办公厅关于加强村庄规划促进乡村振兴的通知》明确了村庄规划是国土空间规划体系中乡村地区的详细规划。但21世纪以来的乡村规划发展演变至今，由于多头管理的不同编制目的和发展阶段要求，在快速推进过程中衍生出了多种"现实存在"的规划形式，包括郊野单元规划、村庄设计、乡村人居环境整治规划、村庄建设规划等。用途管控、发展引导、建设指导、村庄设计等内容往往混杂于各类型乡村规划内容之中，使得各地编制的乡村规划普遍内容庞杂、缺乏统一标准，法定约束性内容与建设指导性内容难以区分。此外，部分省（自治区、直辖市）在快速推进村庄规划全覆盖的导向下，所编制的村庄规划缺乏对村庄地域性、发展阶段性特点的全面考虑，也未能充分了解村庄的实际需求，规划编制只依赖于传统经验和模式，导致村庄规划内容低质且模式化，难以在建设管理中得到有效使用。

详细规划编制单元作为分区分类推进详细规划编制的空间载体，在空间维度可以实现分区引导和分类管控，在时间维度可以实现分级管理和分阶段编制。改变传统详细规划直接编制到地块深度的做法，将详细规划分为单元层面、地块（实施）层面两个层面逐级深化，强化了在单元层面对总体规划指标的有效分解和底线管控落实。详细规划单元作为要素统筹的基本单元，也是开展规划实施评估、空间绩效评价的基本单元，一定程度避免了"总—详"传导落实不佳、传导转译偏差的问题，也为地块层面的规划实施预留了一定的弹性空间。

2）详细规划单元是规划实施管理和动态维护的基本单元

传统详细规划一直存在重编制技术而轻管理体系的问题，规划编制、管理内容难以衔接对应，编审管缺乏统一明确的制度架构，规划调整缺乏强有力的法律法规约束，管理程序随意性大、缺乏监管，导致详细规划的权威性和科学性及严肃性一直遭受挑战。传统详细规划也未建立起动态维护机制，导致规划在审批后难以再有效回应此后城市发展的动态变化。

传统村庄规划的主要问题在于多头编制、多头管理、互不通气、发展差异大等，农业部门的农村规划主要聚焦农业发展，建设部门的村庄规划主要聚焦村庄建设，普遍过于关注建设空间，内容不全面，尽管提出面向全域规划，但实践中缺乏对生态、农业等非建设空间的有效规划和管理。对乡村地区各类资源要素以刚性底线管控和指标管控为主导，底线管控的内容容易"一刀切"，造成规划管理的弹性和精细化不足，难以高效解决乡村地区耕地碎片化、建设无序化的空间格局问题。同时，乡村发展的现实诉求往往不稳定，乡村旅游、农村电商、大众创业等新业态蓬勃发展，规划建设和产业项目投资的不确定性强，村庄规划静态蓝图管理很难适应乡村地区的现实需求。

详细规划编制单元作为规划实施管理和动态维护的基本空间载体，在传导上位规划刚性管控约束、提出空间单元底线管控和总量管控的基础上，可以为城市和乡村地区的动态发展预留一定的规划管理弹性，提高详细规划的针对性和可实施性。即在不突破强制性管控内容的前提下，在单元内部可以进行指标腾挪和用地布局的调整，这类调整可以称之为简易调整，走简易备案程序即可，而不必再像传统详细规划一样履行完整的审批流程。今后的规划实施、监测和督查，可以不再针对具体地块，而是重点针对单元，引导单元规划实施落实主导功能定位、实现建设总量要求、落实强制性内容等。

3）详细规划单元是规划实施对接城乡治理的基本单元

传统详细规划在增量发展导向下，主要关注解决增量空间落地保障与管控问题的规划技术方法，而缺乏对基层空间治理的关注。传统详细规划受多头管理的机制制约，难以有效整合编制空间边界与行政管理边界、用地权属边界，对整体经济可行性测算和规划实施可行性亦缺乏关注，对公益性设施，尤其是各类基层公共服务设施的实施管理和建设管控较弱。乡村地区也存在耕地、林地、水资源等各资源要素管理的职能机构条块分割，生态、农业、林业等各部门规划管理技术自成体系难以互相衔接，事权范围相互交叉冲突，技术标准各不统一等问题。

《通知》强调详细规划应与行政事权相对应，加强行政管理边界与详细规划单元边界的衔接，使得规划的落地实施与空间治理单元对应起来，并且加强单元之间的系统协同，让详细规划成为区域发展和规划实施、空间治理的抓手，更好地发挥空间统筹平衡和资源优化配置的作用。

4.1.2　详细规划单元的划定

1. 基本原则

详细规划单元的划定工作原则上宜由各市、县（市）人民政府组织开展，设区市统筹负责市辖区范围的单元划定，划定成果宜纳入相对应的市、县（市）国土空间总体规划中一并报批，也可以在市、县（市）国土空间总体规划成果的指导下作为一项独立的工作完成[1]。详细规划单元划定的数据库成果经上级自然资源主管部门审查通过后，纳入相应层级的国土空间规划"一张图"信息系统统一管理。

详细规划单元划定应遵循全域覆盖、边界闭合、功能完整、上下贯穿的基本原则，面向全域国土空间范围，统筹划定详细规划单元，单元之间互不重叠、无缝衔接，形成若干闭合的包络线，不重不漏。详细规划单元划分应符合详细规划编管一体的要求，按照"城市是一个有机生命体"的理念，结合行政事权统筹生产、生活、生态和安全功能需求，科学划定详细规划单元，保障单元空间功能的完整性，加强城镇开发边界内外的城乡融合、陆海统筹；突出详细规划单元的上下传导作用，将上位国土空间总体规划的目标指标和相关要求全面分解落实到各单元，并将各单元的管控要求作为按需深化实施层面详细规划的基本依据。同时，详细规划单元划定要和详细规划编制、实施、评估、监测、维护结合起来。

---

1. 忻州市规划和自然资源局，《忻州市（忻府区）城镇开发边界内详细规划单元划分规划（2023—2035 年）》，2024。

详细规划单元划定成果原则上应保持稳定，因上位规划变更、行政区划调整或实际管理需要等确需对单元边界进行合并、细分和局部调整的，可在详细规划编制阶段进行单元调整。调整成果经本级人民政府审查通过后，报上级自然资源主管部门备案；数据库经上级自然资源主管部门审查通过后，在国土空间规划"一张图"信息系统中进行更新；涉及总体规划强制性内容的传导及农业、生态、城镇"三区"格局的单元调整，应执行总体规划修改的审批流程。

2. 工作底图

工作底图是采用2000国家大地坐标系和1985国家高程基准作为空间定位基础，以市、县（市）年度国土变更调查数据和市、县（市）国土空间总体规划中的规划分区、规划用地数据作为单元划定的基础底图。在基础底图上，叠加各级行政管理界线、"三条控制线"、历史文化保护线、重大安全风险控制线[1]等各类专项控制线，重点功能区范围、重点平台范围、地籍调查与用地权属界线、不动产登记、既有详细规划编制范围、其他职能部门管理界限、用地审批、规划许可等基础数据，构建格式统一的工作底图。

3. 单元类型

《通知》强调要分区分类推进详细规划编制。"分区域"强调差异性，在城镇开发边界内、外的不同区域，可以探索差异化的详细规划编制管理方法；"分类型"强调针对性，各地可根据新城建设、城市更新、乡村建设、自然和历史文化资源保护利用的需求和产城融合、城乡融合、区域一体、绿色发展等要求，因地制宜划分不同单元类型[2]，不同单元类型则对应着不同类型的详细规划编制和管理方法。

传统规划中，城镇开发边界以内的建设空间主要编制详细规划，城镇开发边界之外的乡村地区主要编制村庄规划，此外还有风景名胜区详细规划等特殊类型详细规划。考虑到国土空间详细规划对既有规划的继承发展以及管理的延续性，各地对详细规划单元划分基本遵照区分城镇单元、乡村地区单元和其他特殊功能单元三大类型这一思路，在此基础上细化每一类的具体类别从而突出不同发展要求。例如云南省单元划定指引将单元分为城镇单元、特殊单元，乡村地区编制村庄规划[3]；河北省单元划定指引[4]划分城镇单元、乡村单元、风景名胜区单元和其他类型单元四种类

---

1. 重大安全风险控制线包含洪涝风险控制线、地质灾害避让范围线、饮用水水源保护范围线等。
2. 自然资源部，《自然资源部国土空间规划局解读〈关于加强国土空间详细规划工作的通知〉》，2023。
3. 云南省自然资源厅，《云南省国土空间详细规划编制单元划定指引（试行）》，2023。
4. 河北省自然资源厅，《河北省国土空间详细规划编制单元划定指引（试行）》，2023。

型；广西壮族自治区在城镇开发边界内划分详细规划片区及详细规划单元[1]。

对于特大城市而言，针对单元划分、单元规划编制的创新探索已历经十余年，其针对城镇开发边界内的详细规划体系运行已经较为成熟，部分城市率先探索了既有详细规划单元与新的国土空间规划体系的对接方式、优化调整方案。如广州市2005年提出"规划管理单元"，并逐步建立起详细规划分层编制体系，近两年充分衔接行政管理和社会管理边界对单元进行优化，强化单元与行政辖区相协同[2]，将现行2 600余个规划管理单元优化为1 000余个详细规划单元，并区分了城镇单元、农业农村单元和生态单元三大类型。深圳市在城镇开发边界内划定城镇单元，在开发边界外划定农业单元和生态单元，通过三种标准单元类型实现全域全要素全覆盖。厦门市在既有详细规划单元的基础上充分与行政管理衔接，重新划分了陆域单元（包括城镇单元、乡村单元）和海域单元。

4. 城镇单元

城镇单元划定前，应先开展现状体检评估和现行规划评估工作。现状评估应全面梳理自然条件、经济社会、土地使用及各类设施情况。规划评估应全面梳理现行详细规划和相关专项规划的编制和实施情况。

1）城镇单元划定

综合《通知》要求和各地实践，城镇单元划定应综合考虑以下八个因素。

城镇单元主要在城镇开发边界内划定：城镇开发边界外与城镇功能密切相关、有集中建设需求的紧邻区域，以及城镇开发边界内零星"开天窗"非建设用地可整体划入邻近的城镇单元。

行政管理边界：城镇单元划定以乡（镇、街道）级行政管理边界为基础，基于社区（行政村）管理边界统筹划定，原则上以不突破县（市、区）级行政管理边界为宜。同时需要考虑到各级各类园区、开发区、风景名胜区等的批复范围和实际管理范围。

线性交通和自然地理要素：城镇单元划定应综合考虑相对稳定、易于识别的铁路、高速公路、国省道、快速路、主次干路等线性交通要素，以及河流、山体等自然地理要素的分割关系，保持城镇单元空间边界的完整性。

总体规划的规划分区：城镇单元划定应充分衔接并落实上位总体规划确定的空间结构和功能布局，有效传导上位总体规划确定的国土空间规划分区，突出主导功

---

1. 广西壮族自治区自然资源厅，《关于加强和规范城镇开发边界内控制性详细规划编制管理的通知》，2022。
2. 张尚武，司马晓，石晓冬，等."国土空间详细规划编制探索与创新实践"学术笔谈［J］.城市规划学刊，2023（02）：1-11.

能，保障城镇单元功能的完整性。

既有详细规划单元和现行详细规划编制范围：城镇单元划定应统筹考虑现行详细规划编制基础，采取沿用、合并、细分、调整等方式优化现行详细规划编制范围，保障规划管理的延续性。

用地权属边界：城镇单元划定应以国土调查、地籍调查、不动产登记等法定数据为基础，充分考虑合法的用地权属，尽量不切割权属界线。

管理事权与发展需求：城镇单元划定应统筹考虑历史城区、历史文化街区、历史地段、历史文化名镇名村、传统村落、城市更新地区、机场、火车站、边境口岸、军事管制区域等特定区域的管控范围和要求，统筹考虑规划编制与空间治理主体的对应关系。涉及工业园区的城镇单元划分需充分考虑园区功能完整、事权边界等因素，单元规模和空间形态还应与产业发展需求相匹配。

其他重要因素：城镇单元划定应统筹考虑人口规模、交通容量、公共服务设施支撑、市政设施等重要因素的整体性和系统性要求，确保规模和边界合理适宜。

2）因地制宜确定详细规划单元规模

依据一般经验而言，城镇单元面积以 1～5 平方千米为宜，中心城区的城镇单元面积可适当缩小，新城、新区的城镇单元面积可适当放大。单元规模的确定应综合考虑各地实际发展情况、人口规模、设施服务能力等确定。涉及城市更新、历史保护、老城区的城镇单元可依据实体边界、功能边界等相关界线适当缩小；位于建成区的新开发地区，以工业、物流、文化旅游为主导功能的城镇单元面积，可依据实体边界、功能边界等相关界线适当扩大；规模较大的一个街道可划分为若干城镇单元，或多个规模较小的街道可整合为一个城镇单元。

一般而言，市、县中心城区外镇政府驻地城镇开发边界规模大多小于 5 平方千米，可整体划为一个城镇单元，但对于建设规模相对较大的镇，可依据实际情况在镇区划定若干城镇单元并细分其功能类别。乡镇驻地以外其他地区零星城镇开发边界，一般规模大于 1 平方千米的可以考虑单独划定为一个或若干城镇单元，较小的可纳入临近的乡村单元或其他单元。

3）因地制宜确定城镇单元细分类别

各地宜结合地方实际和管控需求，因地制宜确定城镇单元细分类别（表 4-1）。针对不同类别单元，可以进一步区分其详细规划编制管理中的重点内容。例如深圳对城镇单元进行了主导功能划分，提出了居住生活区、综合服务区、商业商务区、工业发展区、物流仓储区、绿地休闲区、交通枢纽区、战略预留区、科创发展区、文化旅游区、公用设施集中区共十一类。

表 4-1　各地单元划定政策文件中城镇单元细分类别对比

各省单元划定政策文件	城镇单元细分类别
《广东省城镇开发边界内详细规划单元划分指南（试行）》	划分一般单元和特殊单元，后者又细分为重点开发单元、城市更新单元、历史保护单元、战略留白单元
《河北省国土空间详细规划编制单元划定指引（试行）》	分为三类，保护类单元（历史城区、历史文化街区、历史文化名镇、工业遗产区、生态功能区等以保护为主的单元），更新类单元（以保留用地、低效用地再开发利用为主的存量空间单元），新建类单元（以新增建设用地开发利用为主的增量空间单元）
《安徽省国土空间详细规划编制规程（试行）》	对城镇开发边界内单元分类引导，区分城市更新单元、城中村改造单元、综合开发单元、历史保护单元、生态复合单元、战略留白单元
《新疆维吾尔自治区国土空间详细规划单元划定技术要点（试行）》	按照主导功能可划分为居住生活、综合服务、商业商务、工业发展、物流仓储、文化旅游、交通枢纽、城乡融合、战略预留等类别

资料来源：作者自绘

案例一： 特大超大城市城镇单元划定实践对比

特大城市城镇单元主要在城镇开发边界内划定。目前各城市划分城镇单元的思路基本上将街道、乡镇行政管理界线作为主要参考依据，并综合考虑道路、河流等自然地理界线，以及主导功能、人口规模等多种因素对划分方案进行细化和调整。

上海中心城区分区单元以街道行政边界为基础划分，如静安区划分17个单元即对应17个街道，通常规模大小约为2～10平方千米。中心城区外围地区，单个面积较大的街道则根据道路、自然地理界线、人口规模等拆分为2～4个详细规划编制单元，每个单元规模约3平方千米，常住人口约5万～10万人。

北京在中心城区、新城及镇中心区划分规划单元，单元规模约为30～50平方千米，落实分区规划单元统筹分区规划与既有详细规划单元管控要求，深入对接街道、乡镇等行政边界，进一步细化街区单元，街区单元规模约1～3平方千米。

重庆在分区规划编制中，对各行政区全域划分规划单元，一般结合街道、镇行政边界和主导功能划定，规模约10～30平方千米，作为承接总体规划目标任务分解的基本单位；规划单元分为城市单元和郊野单元，后者进一步细分为生态单元、镇单元和城乡融合单元。城镇空间继续划分为街区，作为详细规划编制的基本单元，结合社区行政管理边界、城市功能结构及自然地理要素等划定，街区规模一般为3～5平方千米，原则上不超过10平方千米。

深圳全市域划定三类标准单元共971个，其中城镇开发边界内城镇单元794个，开发边界外生态单元123个，农业单元54个。城镇单元规模一般为1~2平方千米，以一个或若干个标准单元为范围编制法定图则。

案例二： 河北省针对不同城镇单元类别提出差异化的详规编制管理要求[1]

详细规划根据单元的主导功能、任务与发展目标，结合保护、更新、新建等主导类型，提出开发引导要求。

保护类单元：历史城区、历史文化街区、历史文化名镇、工业遗产区、生态功能区等以保护为主的单元，应重点落实国土空间总体规划及相关专项规划确定的保护范围和管控要求，明确周边区域协调管控原则；注重历史文化遗产的保护利用，精确传导总体规划确定的历史文化保护线，塑造凸显历史文脉与地域特色的城镇风貌，创造更多具有历史文化特色的空间场所，激发城镇活力，整体提升城区空间品质。

更新类单元：以保留用地、低效用地再开发利用为主的存量空间单元，应面向城市更新的规划管理需求，整合各类空间资源，优化功能布局，统筹推进居住、产业、设施、公共空间更新改造，补齐就近就业和文化教育、医疗卫生、健康养老、体育休闲等公共服务设施短板；强化对历史文化资源、地域景观资源的保护传承和利用，合理确定单元范围内存量空间保留、改造、拆除范围，防止"大拆大建"。

新建类单元：以新增建设用地开发利用为主的增量空间单元，应强化单元统筹，坚持集约高效，防止粗放扩张，根据建设项目和发展实际需要，重点完善城镇功能，优化产业布局，充分考虑绿色、智能设施建设需求，统筹安排公共服务设施、交通设施、公用和安全设施、绿地与开敞空间，促进职住平衡、产城融合，推动高质量发展。

（1）乡村地区单元

各地在乡村地区的单元划分体现了两种不同的思路，即以行政区划为主导和以

---

1. 河北省自然资源厅，《河北省城镇开发边界内详细规划编制导则（试行）》，2023。

用途功能为主导。

以用途功能为主导的乡村单元划分，意在强调区分不同单元的主导功能。如武汉划分的主导功能单元，广州和深圳划分的农业（农村）单元与生态（景观）单元。武汉市构建了"政策分区—功能分区—田园功能单元"的空间单元传导逻辑，市级层面在落实"三区三线"的基础上，划分结构性政策分区，将非集中建设区划分为生态保育区、农林复合区、旅游休闲区三大政策分区；区县级层面在市级政策分区的基础上，区分保护修复和开发利用不同目标导向，细化为五类功能分区，分别是生态红线控制区、生态郊野公园区、基本农田保护区、农地复合区、旅游休闲区；结合功能分区，统筹考虑各类资源要素，衔接镇村的行政管理边界在区县层级划定田园功能单元，单元的类型包括生态保育型、郊野公园型、农业产业型、综合发展型和乡村旅游型，每个乡镇划定3~5个田园功能单元，单元规模约20~50平方千米。深圳已经完成了全域土地国有化，没有行政村，因此将城镇开发边界外的空间划定分为生态单元和农业单元，农业单元在以基本农田为主体的农业保护区划定，城镇单元和农业单元外即为生态单元的覆盖范围，生态单元综合考虑基础地理小区、管理边界、自然边界、管制分区和生态功能完整性等因素，以主导功能为依据，进一步分为水源安全单元、生态保育单元、生态游憩单元、重要廊道单元四种类型[1]。生态单元平均规模约6平方千米，农业单元平均单元规模约1平方千米。

以行政区划为主导划分乡村单元，是指优先将乡镇行政管理边界或村庄的行政管理边界作为乡村单元划定的主要依据，然而受城镇开发边界较为破碎的影响，在城市边缘城乡混合区域、镇区周边很难明确区分城镇单元和乡村单元的界线，并且此种划分方式在后续详细规划编制管理过程中容易造成乡镇驻地城镇开发边界覆盖的行政村由城镇详细规划和村庄规划"分治"管理的情况。对这一问题的处理，各地实践和政策文件中可以区分出两种不同方式（表4-2）。

表4-2 各地单元划定政策文件中乡村单元

各省单元划定指引文件	乡村单元
《江苏省详细规划单元划定指引（试行）》	乡村地区单元划分原则上依据乡镇边界，根据规划管理需要，可以一个乡镇作为一个单元，也可结合行政村边界，将一个乡镇划分为若干单元
《河北省国土空间详细规划编制单元划定指引（试行）》	乡村地区以一个或几个行政村作为村庄规划编制单元，也可以乡镇（街道）为单元划定，乡政府驻地可以单独或与相邻行政村划定规划编制单元；全域土地综合整治试点乡镇应保持乡镇单元的完整性；历史文化名镇名村、传统村落等具有特色价值，以及具有特定管控要求的镇村，应保持其单元完整性

---

1. 邹兵，陈柳新.高度城市化地区陆域生态单元划定方法和精细化管控思路——以深圳为例[J].城市规划学刊，2023（03）：38-46.

续表

各省单元划定指引文件	乡村单元
《宁夏回族自治区自然资源厅关于加快推进国土空间详细规划编制工作的通知》	一般应以单个或多个行政村为村庄规划编制单元
《新疆维吾尔自治区国土空间详细规划单元划定技术要点（试行）》	乡村单元主要在城镇单元外划定，原则上以一个或多个行政村为一个乡村单元，特殊情况下也可以将一个行政村细分为若干单元
《云南省国土空间详细规划编制单元划定指引（试行）》	在中心城区范围内，与城镇功能密切相关的村庄应划入城镇单元，与城镇功能联系不紧密的其他村庄，按村庄规划进行管理，纳入村庄管控区。已编制村庄规划的原则上不再划定详细规划编制单元，按照村庄规划进行管理

资料来源：作者自绘

方式一是将整个乡镇域作为一个乡村单元，或结合行政村边界将一个乡镇域划分为若干乡村单元。但对包含乡镇驻地城镇开发边界的乡村单元如何编制详细规划、编制城镇开发边界内的详细规划还是村庄规划，政策表述还比较模糊。以江苏省为例，按照《江苏省详细规划单元划定指引（试行）》，可以以乡镇边界为依据划分一个乡村单元，但《江苏省城镇开发边界内详细规划编制指南（试行）》适用于城镇开发边界内详细规划编制，而在《江苏省村庄规划编制指南（2023版）》中也只表明了村庄规划范围为行政村、指南适用于城镇开发边界以外乡村地区的村庄规划编制，如果乡镇驻地编制城镇开发边界内的详细规划，而城镇开发边界外编制村庄规划，那么将乡镇作为一整个乡村单元划定的作用和意义就需要再商榷探讨。

方式二是先按照城镇单元划定依据将乡镇驻地的城镇开发边界及必要的紧邻范围划入城镇单元，而乡村单元主要在城镇单元外划定，原则上以行政村边界为依据、以一个或多个行政村作为一个乡村单元，这种方式更有利于理顺详细规划编制体系和思路。对于乡村地区存在的其他零散城镇开发边界及未纳入城镇开发边界的零散城镇建设用地，如果规模相对较小（一般小于1平方千米），可以考虑并入相邻的乡村单元，在村庄规划中明确其建设和管控要求；村庄飞地可并入空间相邻的乡村单元。区位相近、公共服务设施共享度高和产业发展关联性强的村庄可因地制宜统筹划定为一个乡村单元。例如，广州市以城镇开发边界与村庄建设用地的关系为依据，若2/3以上面积占比的村庄建设用地位于城镇开发边界内，则将整个行政村划入城镇单元，否则划为农业农村单元。厦门市将与城镇开发边界较多交叉或镇区所在的行政村划入城镇单元，与城镇开发边界较少交叉或不交叉的行政村，划入乡村单元。

方式二划分的乡村单元在详细规划体系中原则上应当编制村庄规划，对于暂未单独编制、一定时间内无新增建设需求或不具备编制条件而暂不编制村庄规划的乡村单元，可以在乡镇级国土空间总体规划中制定乡村地区"通则式"规划管理规定和图则，经批准后作为村庄规划管理依据。例如，上海自2012年开始以郊野公园和新市镇为试点，以建制镇（乡）/街道的城镇开发边界外区域作为一个或若干郊野单元（与第二种乡村单元划分方式类似），探索郊野单元规划的编制与实施管理。3.0版郊野单元（村庄）规划定位为乡村规划体系下的详细规划层次，4.0版郊野单元村庄规划定位为法定村庄规划，是城镇开发边界外乡村地区面向实施的详细规划，根据不同的规划目的和项目需要可分为郊野单元村庄规划编制、郊野单元村庄规划专项编制和实施深化（图则更新）三种类型。吉林省自然资源厅所发布的《吉林省村庄规划编制技术指南（试行）》指出，不单独编制村庄规划的村庄，应在乡（镇）国土空间总体规划中明确村庄的用途管制规则、建设管控和人居环境整治要求，保证乡村建设有规可依。吉林省洮南市万宝镇镇村国土空间规划一体化编制实践创新地提出了在乡镇级国土空间总体规划联编乡村单元规划图则的编制方法，将现状用途、管制要求、规划行动和发展引导叠加形成村庄规划"一张图"，完成村庄底线管控，便于实施用途管控和项目建设引导。《山东省自然资源厅关于印发加强自然资源要素保障服务全省高质量发展若干政策措施的通知》中也指出，暂不编制规划的村庄，可在乡镇规划中制定"通则式"规定作为规划管理依据。

（2）特殊功能单元

一般而言，不能纳入城镇单元和乡村单元的其他单元，都可以视作特殊功能单元，主要是有相对独立的行政管理地域或有特殊详细规划编制管理需求的区域，例如自然保护地、风景名胜区、国有农林牧场、矿区、边境口岸等，依托管理边界及实际需求划定。特殊功能单元的规模不作限定，必要时可以进一步细分划定。原则上优先划定城镇单元和乡村单元。县（乡镇）直属区域经评估后，可依实际需求划为乡村单元或特殊功能单元。管理权属存在交叉的情况，如林区、矿区等与乡镇、村庄等行政边界存在交叉，应以生态保护和重大产业保障为主线，经综合评估后因地制宜划分单元（表4-3）。

表4-3 各地单元划定政策文件中特殊功能单元

各省单元划定指引文件	特殊功能单元
《云南省国土空间详细规划编制单元划定指引（试行）》	特殊单元指为服务于口岸经济、旅游发展、科考活动以及农场、林场、矿区生产生活等需要建设区域的单元
《宁夏回族自治区自然资源厅关于加快推进国土空间详细规划编制工作的通知》	对不能纳入城镇开发边界内详细规划和村庄规划的特殊区域，可划分为风景名胜区单元、社区单元、农（林）场单元、农业产业单元、葡萄酒产业单元、生态功能单元等单元类型
《新疆维吾尔自治区国土空间详细规划单元划定技术要点（试行）》	特殊功能单元主要在自然保护地、资源能源区、国有农林牧场、重要区域性基础设施、旅游发展区、边境口岸等特殊功能地区，依托管理边界及实际需求划定

资料来源：作者自绘

4.1.3 单元详细规划

1. 总规内容传导

《通知》强调，应将上位国土空间总体规划的战略目标、底线管控、功能布局、空间结构、资源利用等方面的要求分解落实到各规划单元。单元详细规划通过落实和明确单元主导功能、充分对接上位总体规划的战略目标、底线管控、功能布局、空间结构、资源利用和设施配置，来落实上位总体规划传导的战略目标。例如，武汉通过全覆盖的"功能片区—功能单元"传导落实国土空间总体规划战略目标，对不同功能类型的片区、单元实行差异化、精准化的功能、用途引导和管控。

单元详细规划需直接落实上位总体规划的底线管控内容作为单元强制性内容，包括"三条控制线"边界线位和规模，城市"四线"边界位置和规模，城市交通廊道和主要道路线位与红线宽度，以及约束性指标等。单元详细规划需要直接落实上位总体规划中的空间底线类指标，包括但不限于生态保护红线面积、用水总量、永久基本农田保护面积、城镇开发边界规模、村庄建设边界规模、耕地保有量、森林覆盖率、湿地保护率、基本草原面积、水域空间保有量、自然和文化遗产等指标。

单元详细规划需落实上位总体规划提出的强度分区和控制要求、高度分区和空间形态，并且在此基础上细化分区和管控内容，同时对单元的总建筑规模或新增建筑规模提出上限要求。此外，单元详细规划需要综合依据上位总体规划提出的用地布局引导、空间品质类指标、各类重大设施的选址和建设标准，将其传导转译为本单元公园绿地面积，公益性的公共服务设施、交通设施、公用和安全设施等用地的类别、规模和布局，以及城市设计和风貌管控等具体管控要求。

单元详细规划应对上位总体规划提出的空间结构与效率类指标、空间品质类指标等进行转译分解，作为本单元的规模控制和建设管控要求。例如，根据上位规划的常住人口规模、常住人口城镇化率来确定本单元的人口规模总量预期性指标；根据全域的人均城镇建设用地面积约束性指标来计算本单元的建设规模上限，依据城镇人均住房面积提出本单元住宅用地面积和建筑面积规模要求。

单元详细规划的强制性内容，应包括总体规划传导的强制性内容和单元统筹控制的强制性内容两部分。

单元详细规划应当强调指标传导分解过程中的单元间弹性统筹。例如，《河北省城镇开发边界内详细规划编制导则（试行）》中提出建立规划指标流量池，在强化规模总量管控的基础上，鼓励探索在规划编制范围内，必要时允许建筑总面积在单元间流动的管理措施，引导指标在时间上有序释放、在空间上精准投放，为重大项目和重点工程预留空间。

在落实上位规划的传导管控内容时，应当区分管控力度的强弱，设置不同管控方式。例如《云南省国土空间详细规划编制导则（试行）》中，按照定界、定点定向、指标及条文四种方式进行控制。定界控制指对控制要素的用地边界作出规定，定点定向控制指对控制要素的点位或线位进行明确，指标控制指对控制要素的规模等作出量化规定，条文控制指以条文的形式对控制要素提出定性的控制要求，如布局要求、管控要求等。

《安徽省国土空间详细规划编制规程（试行）》中提出，可以采取定界、定位、指标和规则四种方式进行管理控制，将刚弹性结合，在图则中予以表达，提高单元和地块管控的可操作性。

①定界控制：对控制要素的空间边界进行规定，针对各类控制线、道路、块状用地设施，以实线划定形式明确其空间位置、边界形状和具体规模等。

②定位控制：对控制要素的点位或线位进行明确，对于非独立占地的点状设施，按照社区生活圈建设要求，详细规划以点位控制形式明确其位置；对于支路及以下巷道等线性控制要素，可以实线或虚线形式明确其线形、红线宽度、起止点和主要控制点等内容。

③指标控制：对控制要素的规模、密度、设施配置标准等约束性指标采取量化规定，一般对公益性要素采取下限值控制，对经营性要素采取上限值控制，其中对工业、仓储类要素采取下限值控制。对于边界和位置未明确的控制要素，应明确指标控制要求。

④规则控制：指以规则条文的形式对控制要素提出定性的控制要求。用地功能和地块土地用途的兼容性或转换等宜通过正面、负面清单形式明确管控要求。

2. 地块详细规划引导

《通知》指出，将上位总体规划的传导要求分解落实到各规划单元，作为按需深化实施层面详细规划的基本依据。地块详细规划侧重实施性，指导具体建设项目的实施，单元详细规划应对地块的用途、开发建设强度、设施配套等指标和管控提出强制性和引导性要求。

单元详细规划的底线管控内容，应直接传导落实到地块详细规划。单元详细规划设定的建设规模管控，应通过转译方式传导至地块，作为地块详细规划编制的引导。如在单元建筑面积总规模管控下，提出以单元内不同功能类别用地的比例来传导单元主导功能，以划分街坊基本强度分区、基本高度分区来传导单元风貌和开发强度管控要求，以区分保留、新建、更新等不同街坊/地块类型来指导下一步地块详细规划的编制重点导向。

此外，单元层面应划分地块详细规划的编制范围和界线，指导规划编制。例如《河北省城镇开发边界内详细规划编制导则（试行）》提出，单元层面应以社区管理、道路、河流等界线为基础，统筹考虑土地使用的内在功能关联性和可兼容性、土地权属等，结合5～10分钟社区生活圈和居住街坊设施配置，划分地块详细规划编制范围。

《江苏省城镇开发边界内详细规划编制指南（试行）》指出，详细规划分为单元和街区两个层次。街区层次详细规划在严格遵循单元层次详细规划管控要求的基础上，应结合街区实际情况，加强用地策划，深化城市更新、交通承载力评价、社区生活圈构建、城市设计等研究工作，优化空间布局，制定地块容积率、建筑密度、建筑高度、绿地率等具体管控指标和管控要求，指导建设项目实施。

3. 衔接专项规划

单元详细规划需要衔接专项规划，包括各类资源保护和利用规划、综合交通规划、各类公共服务设施规划、各类基础设施规划、综合防灾减灾规划、镇村布局规划、国土空间整治和生态修复规划等各类专项规划。以详细规划编制单元为载体，单元详细规划应统筹落实各类管控范围、管控线、设施的布局要求和空间管控要求，将专项规划中涉及国土空间管控的内容和要求纳入单元详细规划，而不能直接替代详细规划作为设置规划条件、核发规划许可的依据。

4. 突出单元类别差异

《通知》强调要因地制宜划分不同单元类型，各类单元详细规划在规划编制、传导和管控方面也应当提出差异化、特色化的重点内容，比如可以采取"通则式内容+特色化内容"的形式，突出不同主导功能类别单元的传导和管控重点。

通则式内容即所有类型的单元详细规划需要完成的基础性或一般性内容，包括单元强制性内容和引导性内容。

特色化内容涉及城市更新地区的单元详细规划，应合理确定城市更新地区的人口和建筑规模总量，重点改善旧区道路交通系统和市政公用设施，完善公共服务设施和绿地开敞空间，保护传承历史文化，加强历史遗产的活化利用；应对城市建设、存量资源和更新潜力等情况进行综合评估，结合涉及的各类权利主体的意愿，确定具体的更新方式和更新措施；应结合实际需求和具体情况，积极探索土地复合利用、容积率转移平衡、容积率奖励、存量低效用地盘活利用等差异化的规划和土地政策。

涉及新开发地区的单元详细规划编制应根据土地资源、水资源等的承载能力，合理确定开发建设的规模和强度，并研究开发时序、弹性预留等问题；按照区域协同、远近结合、空间集成、适度冗余的原则，合理确定各类交通、市政、公服、防灾设施的布局；可根据需求综合开发利用地下空间；应结合历史沿革和地域特点，保护历史文化资源，在规划建设中体现地方特色。

涉及城乡融合地区的单元详细规划编制应充分考虑交通、市政、公共服务设施等各类资源要素的统筹配置。城镇单元内城镇开发边界外的村庄已编制村庄规划的，应将其内容纳入城镇单元详细规划；未编制村庄规划的，在编制城镇单元详细规划时应考虑城镇开发边界内外设施的统筹配置，落实总体规划确定的"指标约束＋分区准入"的用途管制要求，可结合实际进一步明确正、负面清单管控要求。涉及与城镇开发边界内建设用地紧密联系的村庄，应同步对功能和空间布局进行统筹研究。

跨城镇开发边界城镇单元的详细规划应统一编制，暂不开发的城中村（城郊村）在单元详细规划中可按现状地类表达。跨城镇开发边界城镇单元编制成果可按城镇单元详细规划和村庄规划两种类型分别表达，并经法定程序进行审批和实施管理。涉及国土综合整治和生态修复的城镇单元应编制相应内容。

城市设计重点地区的规划单元应根据其不同功能在满足一般地区城市设计要求的基础上，更加关注其特殊条件，在单元详细规划中明确城市设计管控要求。公共活动中心地区鼓励土地的多元混合利用及地上地下综合开发，关注提升公共空间环境品质，应侧重构建标志性的空间形象、连续而有活力的街道界面、舒适宜人的公共空间、紧凑集约的地下空间开发。交通枢纽地区应积极采用以公共交通为导向的开发模式（TOD）组织地区开发，统筹利用地上地下空间推进交通枢纽地区土地高强度、一体化开发，侧重构建高效畅通的交通流线，互联互通、功能复合的立体空间。重要滨水和风景地区应侧重构建协调有序的天际轮廓线、开放亲水的公共空间、连续舒适的慢行网络。历史文化要素集中地区应明确历史文化资源分级分类保护的要求，保持传统格局和街巷肌理，严禁大拆大建，严格控制新增建设规模，促进历史建筑活化利用，构建强化整体肌理保护的更新方式。

历史文化要素集中的规划单元应落实总体规划及历史文化保护相关专项规划

确定的历史文化保护线范围与管控要求。历史文化要素集中的地区，应结合城市设计，明确建筑的保护与更新类别，确定风貌保护道路（街巷）、风貌保护河道等保护对象及相应的管控要求。特色风貌保护空间周边相邻街坊应开展建筑高度和视线分析，控制新建建筑高度。

涉及工业园区和矿业基地的规划单元应以提高工矿地区土地使用效率和综合服务水平为基础，在衔接国土空间总体规划的基础上，研究落实衔接各类工业园区标准和工业项目建设用地的控制指标要求，促进产城融合、城乡融合和区域一体协调发展，避免无序、低效开发。工业园区及矿业基地单元详细规划可新增固定资产投资强度、土地产出率等与开发强度相关的控制指标。

涉及风景名胜区、自然保护地的规划单元要严格按照《风景名胜区保护条例》和《自然保护区条例》等，以景观资源保护和生态优先为中心，处理好保护和发展的辩证关系。

总之，要因地制宜，适当突出不同类型详细规划编制单元的差异化内容，更好地实现国土空间详细规划的编制和实施。

4.2 详细规划综合实施方案

国土空间规划体系下详细规划优化提升要点之一在于将详细规划进行分层分类编制，北京市和上海市等超大城市在长期的详细规划管理实践过程中分别进行了详细规划实施层面的探索，形成了"详细规划综合实施方案"先行探索的经验体系。需要特别注意的是，详细规划综合实施方案与地块层面详细规划有本质区别，前者更为综合，主要适用于大城市、特大城市等情况较为复杂的地区。详细规划综合实施方案是国土空间详细规划体系中面向过程实施的政策性安排，是一种基于规划传导和单元统筹基础上综合考虑动态过程的实施层面详细规划。

详细规划综合实施方案是新时代国土空间规划传导落实的重要环节，具有实践性和探索性特征，这与该环节具有多元性、地方性和动态性特点紧密相关。北京针对北京市详细规划综合实施方案的相关政策文件、学术研究和实践案例的总结更具探索价值，对于系统分析新阶段详细规划综合实施方案的总体背景、定位特征、主要编制内容和编制审批管理体系等具有积极意义（图4-1）。

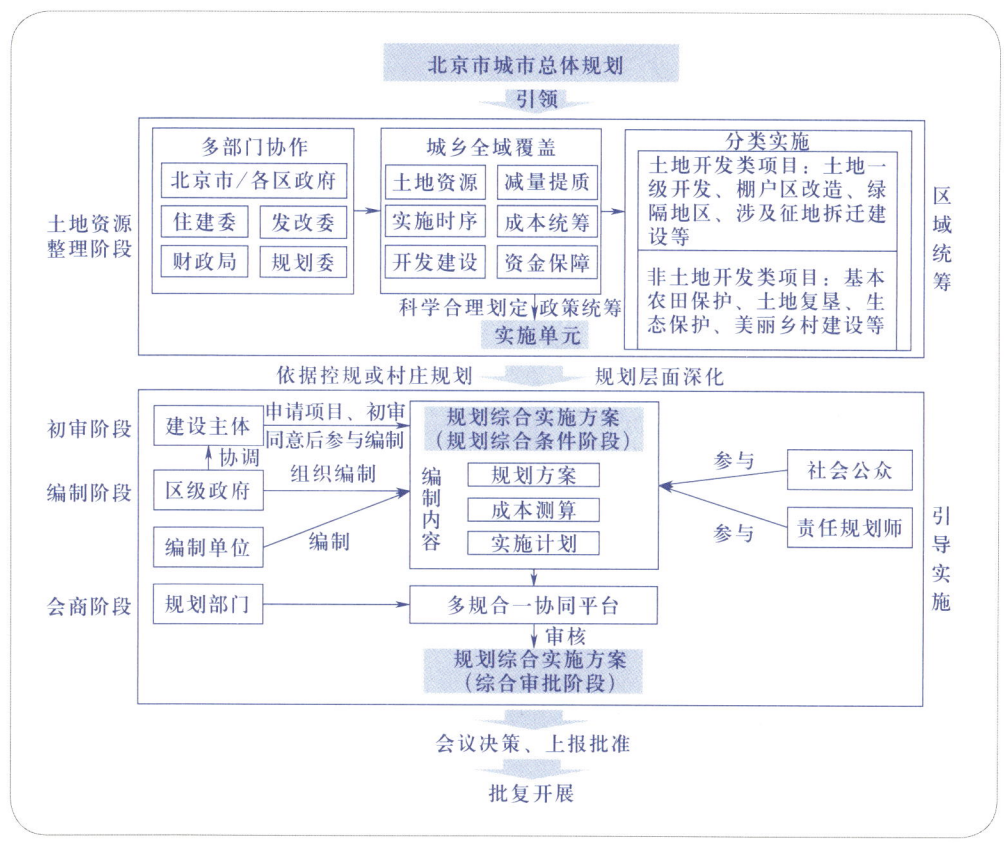

图 4-1 北京市详细规划综合实施方案框架体系
资料来源：白晴，朱东.北京规划综合实施方案：转型时期规划实施管理的探索与实践［J］.北京规划建设，2022（4）：153-159.

4.2.1 实施层面详细规划的实践探索

在城乡存量发展背景下，实施层面详细规划已经成为提升规划治理能力现代化水平的重要环节。实施层面详细规划以管用、好用、实用为出发点，更加重视权益协商、社会治理、行动计划、成本收益和土地政策等内容，通过共商共治的方式将政府意图与市场需要相结合，从而形成切实可行的规划行动方案。

实施层面详细规划具有明显的地方性特征，是地方政府在特定制度环境下，基于本地区建设阶段、产权特征、市场环境、地方事权和发展目标等多种因素权衡的结果。随着社会经济环境不断变化，其编制模式和管理体系亦应不断与时俱进、优化调整。因此，目前详细规划综合实施方案是在一定发展时期和特定的事权范围内的阶段性探索成果。

我国各城市实施层面详细规划（表 4-3）大致有两种类型。一种是与详细规划平行编制的实施性规划，如深圳的城市更新单元规划、广州的城市更新单元详细规划、北京的规划综合实施方案、武汉的功能区实施性规划等，通过有效整合详细方案、专项评估、利益平衡、土地整备等规划内容，科学地指导城市开发建设活动。

另一种则是以上海详细规划为代表的"详细规划+"，将更多实施性内容纳入详细规划编制范畴，将方案总图论证和开发模式协商等工作置于土地出让之前，提炼形成空间管控要求，有效引导土地出让和建筑管理，指导项目方案实施。

表4-3 各城市实施层面详细规划主要内容对比

	北京：规划综合实施方案	深圳：城市更新单元规划	广州：城市更新单元详细规划	上海："详细规划+"
规划对象	城市建设地区 非建设空间	更新改造地区	更新改造地区	城市建设地区
空间范围	实施单元 建设项目	城市更新单元	城市更新单元	详细规划单元（街坊）
编制前提	落实街区详细规划，按项目需求编制	按照全市更新计划，以主体申报的方式开展	按照全市更新单元规划要求和主体需求编制	整单元覆盖前提下，按项目需求局部调整或修正
作用效力	具体地块的指标条件和详细实施安排	落实补充法定图则 更新地区实施规划	国土空间详细规划 更新单元实施规划	直接管理建设活动
工作重点	权益协商、实施统筹、确定条件	处理复杂的权益关系和实施路径	低效用地开发再利用	确定条件、指导建设
主要内容	规划统筹方案 实施计划方案 资金测算方案	功能控制；城市设计；更新目标方式；利益平衡；土地处置	详细规划方案；更新单元必要性、承载力、可行性分析；分期实施；专项评估等	规划指标、规划更新、实施深化、实施时序；普适图则、附加图则
审批管理	并联审查、分级批准	区主管部门审查 区政府批准	市规委会审议 市政府批准	市规委会审议 市政府批准

资料来源：赵勇健，徐碧颖，王若冰.共商共治的实施性详细规划——北京规划综合实施方案的内涵思路与技术探索[J].城市规划，2023，47（4）：15-24.

4.2.2 实施层面详细规划的定位、内涵与特征

1. 详细规划综合实施方案定位

在详细规划体系中，单元层面详细规划侧重统筹性和传导性，一方面传导国土空间的相关要求，另一方面是统筹单元范围内建设规模、用地布局、公共服务和空间形态等总体控制内容，是落实总体规划、衔接专项规划和指导实施层面详细规划的平台。单元层面详细规划要发挥底线管控和单元内整体统筹的重要作用，实现市

县/分区国土空间总体规划重要内容和各项要求的逐层分解与传导落地，促进单元内空间资源合理匹配和各项要素深度融合（图4-2）。

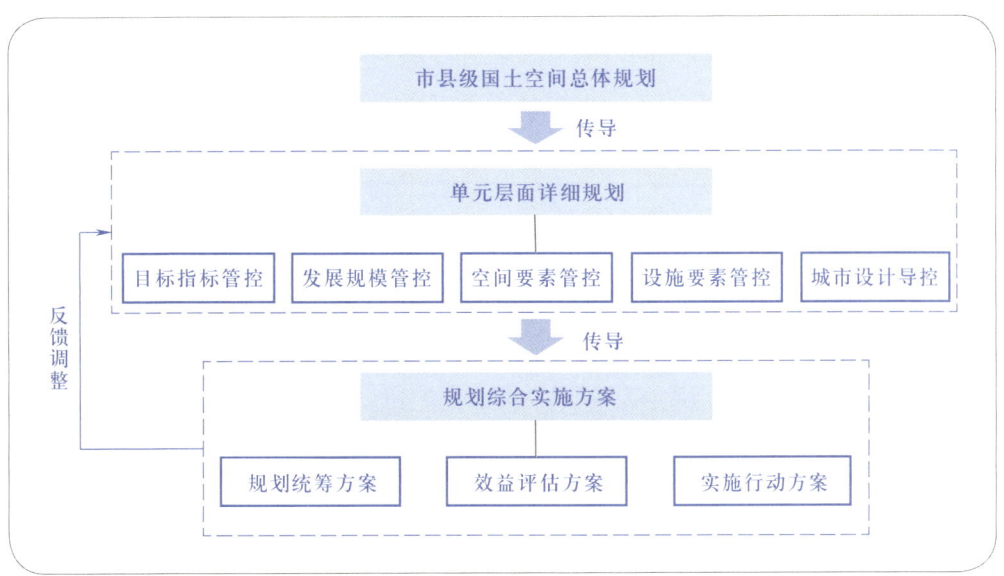

图4-2 详细规划综合实施方案在规划体系中的定位
资料来源：作者自绘

详细规划综合实施方案属于实施层面详细规划的一种实践类型。详细规划综合实施方案侧重动态性和实施性，依据单元层面详细规划等上位规划和相关专项规划的要求，面向单元内近期建设计划目标和年度工作任务，从空间方案、效益评估和实施行动等方面做出的全面、具体的计划安排。详细规划综合实施方案具有指导和促进规划实施的双重作用，方案制定过程中，既要落实规划单元的详细规划相关要求，又要结合项目开发建设需求，与相关权益人、实施主体等"商定"形成具体的实施安排，提高实施性规划的落地能力。

2. 详细规划综合实施方案的内涵

详细规划综合实施方案是按照国土空间总体规划、分区规划、专项规划的相关要求，紧密衔接详细规划控制单元控制要素，通过梳理现状、统筹资源、协调利益和资金平衡，针对一定区域近期建设规划目标，从规划统筹方案、效益评估方案、实施行动方案等方面作出的全面而具体的实施安排。

从作用来看，详细规划综合实施方案是进行资源任务落实、规划编制、建设和管理统一的操作与技术平台，通过明确建设项目的规划条件、基础保障和供地方式等内容，经相关程序批准后，为核发规划许可和办理土地供应手续提供依据。

3. 详细规划综合实施方案的总体特征

1）综合统筹导向的编制内容

面向实施操作的详细规划，不是通过纯粹理性的工程技术事务达到规划方案的最优解，而是要综合空间方案、经济可行性和实施可操作性三项主要因素的综合平衡解。北京市发布的《规划综合实施方案编制暂行办法》中提出：详细规划综合实施方案主要包括规划统筹方案、资金测算方案、实施计划方案三个方面内容。

面对规划实施项目的多元需求、自发性和不确定性，规划综合实施方案在制定过程中，更加强调生成空间方案的机制过程和保障规划落地的具体措施，如建设资金周转、建设周期安排、开发意图、基础设施匹配和社会经济效益，等等。综合实施方案编制的思路不再局限于物质空间塑造，亦逐步强调各方诉求、各类专项等多要素的综合统筹，以保障项目能够在后续实施过程中切实可行。

2）动态适应导向的指标管控

城市发展的不确定性决定了既有的"规划一批到底"的管控方式难以适应社会经济的快速变化和复杂的主体利益诉求。以北京详细规划体系为例，在单元层面详细规划锁定用地和建筑规模总量的基础上，详细规划综合实施方案统筹考虑规划范围内土地资源、建设现状、实施成本、收益分配以及政策规范要求，基于多主体协商共议，统筹确定各地块的建设指标和管控要求[1]。单元层面详细规划所确定的规模总量指标，在单元内多个详细规划综合实施方案的逐次编制过程中逐步释放，并保证动态平衡适配，实现管控方式由事前编制、刚性管控，到协商共议、总量锁定和弹性调控，提高了规划编制的动态适应性。

3）协商共治导向的编制方法

详细规划综合实施方案的编制审批不再采用传统的"规划机构编制、审查部门审批"的传统方式，而是通过"多规合一"协同平台，"将规划编制、投资融资、实施管理、政策配套和项目建设管理等整合到一个工作流中"。一是在规划编制过程中，与相关权利人充分沟通协商，并将实施主体的意见纳入整体考量；二是将规划和自然资源系统相关部门和其他相关系统主管部门的审查审核要求同步纳入规划编制过程，将统筹区域性内容、协商相关权益、综合各方意见的工作作为编制内容之一，在统筹各类专项内容后生成综合性成果，实现编制、管理和实施的协同互动。

---

1. 赵勇健, 徐碧颖, 王吉力. 共商共治的实施性详细规划——北京规划综合实施方案的内涵思路与技术探索[J]. 城市规划, 2023, 47（4）: 15-24.

4.2.3 实施层面详细规划编制内容

详细规划综合实施方案包括三大部分的编制内容，即规划统筹方案、效益评估方案和实施行动方案，三者互为支撑、相互影响、相互校核。

规划统筹方案作为技术性空间方案，作用是传导落实上位规划的要求，平衡单元总量，开展现状评估，协调权益人需求，统筹各类资源，确定用地性质、规模、布局和城市设计要求，合理安排三大设施，制定具体的工作步骤。

效益评估方案作为经济性支撑条件，将方案的经济可行性作为重点考量因素，对规划实施带来的经济效益、社会效益和环境效益进行预估测算，统筹运用利益还原、安置补偿、金融财税等政策实现成本与收益以及利益与效益的均衡。

实施行动方案作为实操性行动安排，构建投资、路径、步骤、时序和政策多维统筹的实施行动机制，为实现战略目标提供切实可行的实施计划、供地方式、拆迁安置和管控手段等行动路径安排。

1. 规划统筹方案

1）现状情况梳理

该部分应特别注重面向权益协商，夯实现状调研，注重对"地籍权籍、利益诉求和历史问题"的详细调研，重点考虑权属权益方面问题，具体包括以下内容。

①开展规划范围内用地土地使用情况调查。统计各地块的土地权属边界、权属类型、土地使用性质等情况，若涉及农转用或占补平衡等相关事项，应进行说明；②梳理现状地上建筑物的主要使用功能、建筑高度、建筑质量等情况，评估保留、改造、拆建范围；③对现状道路网以及交通情况、主要公共与公用设施及其运营情况进行说明。

2）上位及相关规划要求落实

该部分应梳理上位规划和单元详细规划情况，明确单元详细规划对本规划范围提出的控制性要求，落实单元层面详细规划确定的城市蓝线、城市绿线、城市黄线、城市紫线和道路红线范围及管控要求等底线要素，及功能定位、用地结构、支撑体系、城市设计、历史保护等引导要求；落实单元层面详细规划确定的指标传导要求，及各类用地布局原则和设施配置标准。

3）规划方案

该部分应落实上位规划要求及地区发展目标，协调相关利益人诉求，考虑市场投资者需求，立足公共利益保障，运用城市设计方法，制定规划布局方案。

（1）总量规模控制

①人口总量：包括现状保留居住人口和规划居住人口规模测算；②用地规模：规划用地总规模、各类建设用地规模和非建设用地规模；③建筑规模：规划总建筑规模以及各类型用地建筑规模。

（2）用地布局

用地布局是指明确街坊划分、各地块用地边界、用地类型以及不独立占地的各类设施布局。

（3）控制指标

控制指标是指明确各地块容积率、建筑高度、建筑密度、绿地率以及地块中需复合设置的公共服务设施规模要求。

4）城市设计

规划在城市重点地段，可同步开展城市设计研究，以优化空间形态、营造场所活力。可编制城市设计导则或附加图则，提出建筑体量、界面、风格、色彩、第五立面等要素管控要求，明确标志性建筑高度、建筑退线和贴线率等指标要求，优化建筑形态组织；可对公共空间及周边城市界面形态、功能等进行设计引导，注重场所营造与活力培育。

5）道路交通规划

该部分主要包括以下三个内容。

①落实单元详细规划路网方案，根据情况增加街区内部道路、对支路等局部道路线位进行优化；细化各级道路红线、控制点坐标、道路平曲线拐点坐标和半径；根据地块用地特征，优化道路横断面；确定交叉口路缘石转弯半径、交叉口渠化红线，合理控制交叉口占地规模；确定各独立地块的出入口位置，以及禁止机动车开口路段的位置和控制要求。

②细化公共交通场站用地控制要求：划定城市轨道交通线路和站点用地控制界限；划定独立占地的轨道交通车辆基地、公交首末站、停车场、保养场、出租汽车场站等公共交通场站用地控制界限；细化港湾式停靠站等的位置和控制界线。

③确定路内公共停车场布局要求：划定机动车公共停车场库的用地控制界线，明确占地规模和混合开发要求。

6）绿地系统规划

该部分应落实单元详细规划绿线、蓝线控制和绿地、水体规模控制要求，完善公园绿地体系，构建生态空间网络；明确规划范围内各类绿地布局、主导功能、用地规模、带状绿地控制宽度等相关要求。

7）市政基础设施规划

独立占地的市政基础设施应确定用地边界，非独立占地的市政基础设施应确定位置和建筑规模。除此之外，应对供水、雨水、污水、再生水、供电、供热、供气、电信、有线电视以及环卫设施等作出详细规划安排。

8）城市安全设施规划

应对防洪排涝、消防设施以及避难场所等作出详细的规划安排。

2. 效益评估方案

空间规划方案策划需要从实施成本测算、项目收益预估、社会效益、环境效益等多个方面对空间规划方案的可行性进行评估；待方案资金测算和效益评估工作明确后，可进一步深化各项测算内容，以强化空间规划方案在经济上的可实施性。资金测算和效益评估工作可与相关单位合作完成。

1）经济效益测算

实施成本测算： 根据国家地方相关法律、法规及定额标准等，对项目实施过程中的各项成本进行综合测算，包括但不限于各类前期费用（如科研编制费、方案编制费、测绘费、地质灾害评价、交通影响评价、环境影响评价、考古勘探及发掘费、涉水论证等）、征地补偿费用、拆迁补偿费用、市政基础设施建设费用、财务费用、管理费用、审计费用及税费等的测算。

资金平衡测算： 根据项目区位、规划定位、交通条件及现有周边市场交易情况，预测销售与租赁收入以及回报周期，并结合实施成本测算项目总体资金平衡情况。

2）社会效益评估

社会效益评估要评估项目实施可能带来的社会效益，如从产业导入、民生保障、公共活力、资源引入、城市风貌等方面进行综合阐述。

3）环境效益评估

环境效益评估要评估项目实施可能带来的生态环境效益，如从蓝绿生态空间、海绵城市、绿色低碳、环境美化等方面进行综合阐述。

3. 实施行动方案

实施行动方案要根据规划统筹方案和效益评估方案，综合运用土地供应、拆迁安置、住房保障、产业发展等相关政策，结合政府要求，提出实施行动方案，对土地供应、实施时序等作出安排。

1）实施路径

构建公平、公正、共建、共享的实施机制，应根据项目特点，结合资金安排及建设计划提出多种实施路径，通过比对实施成本与效果，选取合理实施路径，实现资源与需求的合理匹配，并确定切实可行的实施计划。

2）土地供应计划

根据项目特点，结合规划统筹方案及效益评估方案、项目实施的土地供应方式，土地使用方式主要分为有偿使用和无偿使用两种。有偿使用的土地主要以国有土地使用权出让、国有土地租赁、国有土地使用权作价出资或者入股等方式取得；无偿使用的土地可以法律、行政法规规定的划拨方式取得。

3）近远期实施时序

一定区域近远期实施目标的实现需要全面而具体的实施安排，包括提出分期实施目标、划定分期建设范围、明确近期建设内容等，以此切实可行地分步有序推进规划实施。

4）拆迁安置计划

如规划范围内涉及土地征用、建筑物拆除、居民动迁和劳动力安置等工作，相关主管部门需制定拆迁安置实施方案。例如，规划综合实施方案要求按照拆迁安置实施方案要求开展工作，落实安置计划、拆迁规模、安置人口、拆迁费用、拆占比等主要指标和空间布局。

4.2.4 实施层面详细规划的编制审批组织

1. 编制主体

空间资源的规划调控应该以"一级政府、一级事权、一本规划"为原则，不同层级政府，在空间资源的规划调控过程中的事权范围应有较为清晰的划分。以北京为例，市区两级在详细规划编制和实施中的分工为：市级政府及其相关主管部门负责统筹全市的详细规划工作以及重大项目的审查、审批和规划许可；区级政府及其相关主管部门被赋予具体的规划编制权、项目审批权和指标分配权等核心权限，实现空间规划权和发展权在区级层面的统一。

由此，各区/县政府负责组织本辖区的规划综合实施方案的编制工作。重点区域、重大工程、跨区统筹的详细规划综合实施方案由市规划自然资源管理部门按照市委、市政府的任务安排，会同区政府及相关主管部门组织编制。

2. 实施范围划定

第一，详细规划综合实施方案的具体规划范围划定要充分对接和协调近期建设规划、年度实施计划、政府投资项目计划等，强化规划的空间统筹职能，按需编制，不强调全覆盖。

第二，规划范围划定一般基于一定规模的空间单元，在满足开发主体利益的同时，综合考虑保障房、公共服务和道路市政设施贡献用地、拆迁补偿等公共责任，确保不同主体利益共享、责任共担和多方共赢。

第三，编制范围划定还应统筹考虑城市开发边界、行政边界、宗地权属、道路红线、特征地物、历史文化资源等，需对难以开发的畸零宗地进行调整优化。

第四，需要同步实施的城市基础设施、公共服务设施、城市安全设施、生态环境用地等应被划入规划范围。规划范围也不局限为物理上的一个完整范围，有可能是两个或更多不相邻范围共同构成的规划范围。

3. 编制流程

1）启动编制前

在启动编制规划综合实施方案前，应对区域的资源条件、环境状况、土地权属、市政条件、资金筹措、经济效益、社会预期等开展论证。经论证具备成熟条件的区域，由编制机关划定规划实施范围，组织编制单位承担规划综合实施方案的具体编制工作。

2）编制过程中

在编制过程中，编制机关应当听取乡镇人民政府、街道办事处的意见，可开展专家评审和第三方评估。

编制过程强调多部门协同，要综合统筹各类专题和专项要求，通过纳入审查意见、编制某类专项、制定专题篇章的形式响应各部门的管理事权需要。例如，制定耕地占补平衡、成本测算、土储开发方案、交通承载力等内容能够有效回应耕地保护、开发利用、土地储备、交通等管理要求；研究产业准入、人防消防、环境评估等内容能够回应发改、人防、消防、环保等部门的审批要求，在规划编制阶段实现综合输出。"多部门并联办理"在规划审批环节可以进一步提高行政审批效率。

编制过程要关注多元主体利益统筹，征集各利益主体发展意愿，明确各方的权责利关系，建立有效的利益协商机制，把公众参与落到实处，培育城市发展的多元推动力，实现规划意图与社会各方发展诉求的有效对接。

4. 审批实施

1）规划审批

规划审批流程由通常的"逐级审查报批"方式转变为"并联审查、分级审批"，各部门一次性出具审查意见并被纳入到规划设计条件中，从而实现政府服务的高效和便捷。

实施方案的批准通常按照市区权责和项目重要性实行分级审批，重点区域、重大工程、跨区统筹的实施事项原则上由市级自然资源主管部门批准，一般项目和其他项目原则上由区政府批准，需报请市政府的事项在市政府批准后生效。

2）规划修改

详细规划综合实施方案一经审定不得随意修改。因上位规划发生重大调整、重大建设项目布局、土地限制条件改变等原因导致无法实施或经体检评估确需修改的，须在规划编制单元内整体研究、充分论证、公开公示、逐级报批；依法需征求利害关系人意见的，应依法征求意见；因施工条件限制、建设条件变化、技术方案优化等造成用地局部微调的，按照程序进行动态维护。

关键术语

详细规划单元、详细规划综合实施方案

思考题

1. 如何突出不同类型详细规划编制单元的差异化内容？
2. 单元详细规划如何传导总体规划内容并衔接各类专项规划？
3. 详细规划综合实施方案在详细规划编制体系中的定位如何？
4. 详细规划综合实施方案编制有哪些特征？

参考文献

[1] 熊健.控制性详细规划全过程管理的探索与实践——谈上海控制性详细规划管理操作规程的制定[J].上海城市规划,2011(6):28-34.

[2] 徐碧颖,吕海虹,陈鹓,等.系统传导与多元适应:北京控规单元的演进与探索[J].城市发展研究,2021,28(10):73-80.

[3] 周梦麒,张程亮,余嘉珊."穿透式"规划传导下重庆市国土空间详细规划编制路径研究[J].重庆建筑,2024,23(1):5-9.

[4] 张立,李雯骐,李一姣.特大城市乡村地区规划编制及管控体系的建构实践与思考[J].小城镇建设,2023,41(9):5-14.

[5] 刘奇志,黄晓芳,杨静,等.武汉市乡村地区国土空间规划体系的建构和实践[J].小城镇建设,2023,41(9):38-45+54.

[6] 邹兵,陈柳新.高度城市化地区陆域生态单元划定方法和精细化管控思路——以深圳为例[J].城市规划学刊,2023(3):38-46.

[7] 张尚武,司马晓,石晓冬,等."国土空间详细规划编制探索与创新实践"学术笔谈[J].城市规划学刊,2023(2):1-11.

[8] 赵勇健,徐碧颖,王若冰.共商共治的实施性详细规划——北京规划综合实施方案的内涵思路与技术探索[J].城市规划,2023,47(4):15-24.

[9] 白晴,朱东.北京规划综合实施方案:转型时期规划实施管理的探索与实践[J].北京规划建设,2022(4):153-159.

[10] 罗罡辉,李贵才,徐雅莉.面向实施的权益协商式规划初探——以深圳市城市发展单元规划为例[J].城市规划,2013(2):79-84.

[11] 赵冠宁,司马晓,黄卫东,等.面向存量的城市规划体系改良:深圳的经验[J].城市规划学刊,2019(4):87-94.

[12] 唐燕,刘畅.存量更新与减量规划导向下的北京市控规变革[J].规划师,2021(18):5-10.

[13] 邹兵.实施性规划与规划实施的制度要素[J].规划师,2015(1):20-24.

[14] 徐碧颖,张晨,程海青.北京市规划综合实施方案的思路创新与实践探索——以丽泽金融商务区为例[J].城乡规划,2024(1):34-42.

[15] 谭慧娇,张健,万强,等.国土空间规划体系构建下北京"规划综合实施方案"探讨[J].理想空间,2022(1):58-61.

[16] 杨贺.国土空间规划体系下规划综合实施方案要义研究[J].北京规划建设,2021(4):111-114.

第  章

城镇详细规划编制

■ **教学要求**

城镇详细规划编制既有基本要求，也要区分不同类型，包括城市中心区、城市新区、商业功能区、商务功能区、产业园区、居住功能区、交通枢纽功能区、历史街区等详细规划。不同类型的详细规划的编制要求和重点内容有所不同。本章学习旨在把握城镇详细规划编制的基本要求、不同类型城镇详细规划的编制要点和具体的内容要求。

5.1 城镇详细规划的主要编制内容

城镇详细规划编制应明确功能定位和发展目标，确定国土空间开发保护总体格局；结合用地现状、各类控制线等合理确定规划用地范围；明确土地使用性质及其兼容性、用地混合等用地性质控制要求；制定容积率（或建筑面积）、建筑高度、建筑密度、绿地率等用地指标；明确公共服务设施、基础设施、公共安全设施的规模、范围及具体控制要求；重点地区详细规划宜结合地下空间规划编制；明确详细规划"四线"控制要求，其中基础设施用地范围作为黄线、各类绿地范围作为绿线、历史文化街区和历史建筑的保护范围作为紫线、地表水体保护和控制的地域界线作为蓝线。

5.1.1 传导底线管控

国土空间总体规划要求明确城市战略定位，确定国土空间开发保护总体格局，

并按照主体功能定位和空间治理要求，划分规划分区，详细规划应将抽象的战略意图落实到具体的国土空间。同时，从国土空间规划自上而下传导的角度，详细规划应将市县国土空间总体规划的强制性内容和约束性指标传导落地。总体规划向详细规划传导的内容主要包括规划目标、空间底线、规划指标、支撑体系等相关内容。

规划目标传导： 包括国土空间总体规划确定的目标定位、发展方向、空间格局、规划分区、用地结构等管控要求。

空间底线传导： 包括国土空间总体规划确定的耕地和永久基本农田、生态保护红线、城镇开发边界三条控制线划定成果和管控要求，以及城市绿线、蓝线、黄线、紫线、工业用地控制线等相关空间控制线管控要求。

规划指标传导： 包括国土空间总体规划确定的道路网密度、公园绿地广场步行五分钟覆盖率等约束性指标，以及绿色交通出行比例、人均应急避难场所面积、人均体育用地面积、人均城镇建设用地面积、常住人口规模、人口密度、人均公园绿地面积等预期性指标。

支撑体系传导： 包括国土空间总体规划确定的教育、文化、体育、医疗卫生、社会福利等重要公共服务设施的布局和规模总量、服务半径等管控要求及"15分钟生活圈"建设要求，轨道、高速路、快速路、主干道等线性交通设施的走向、廊道宽度等相关管控要求，机场、港口、轨道场站、客货运枢纽、重大公交场站等点状交通设施的布局和规模总量等相关管控要求，供水、污水、电力、燃气、环卫、通信等市政公用设施的布局、廊道走向、宽度等管控要求，消防设施、应急避难、防洪排涝、地质灾害、人防设施、邻避设施等城市安全韧性相关管控要求，对绿地、水体、生态廊道、通风廊道等开敞空间的相关管控要求，历史文化保护、特色风貌方面的相关管控要求。

5.1.2 功能定位

综合考虑上位规划的传导要求以及城镇详细规划单元自身的发展条件，进一步明确详细规划单元的功能定位和发展目标，功能定位应以上位规划确定的单元内主导国土空间二级分区或主要土地用途为基础，明确各详细规划单元主导功能和规划定位，根据不同圈层的区位和本底条件，综合确定各单元人口、用地和开发总量规模。详细单元的主导功能可分为商业商务、教育、医疗、体育、行政办公、文化旅游、居住、工业、物流仓储等，应根据上位规划，结合上位规划对各详细单元主导功能、发展潜力和人口规模等的规定，确定各详细规划单元的总建设用地规模和总建筑容量。详细规划单元人口规模原则上按照上位规划服务人口结合街区详细规划要求分解落实，按照现状和规划住宅建筑面积进行推算，结合实际情况设定。以居住为主要功能的区域每个单元以 5 万～8 万人为宜，不宜超过 10 万人。以详细规划单元为单位控制建设总量，结合综合承载力的分析，以保证公益性公共设施、基础设施、城市安全设施和公共绿地等的规模和控制要求。

5.1.3　结构优化

编制国土空间详细规划应落实上位规划的空间格局和保护开发总体要求，加强与周边单元在生态景观、产业功能、交通导向等方面的联系，促进土地高效利用、职住均衡与生态宜居，合理确定与单元功能相匹配的空间布局结构。

在居住用地空间优化方面，规划编制要保证合理的住宅开发量与居住人口，保持适宜的人口密度和宜居环境，确保城市活力；鼓励城市中心区、交通枢纽区、城市更新片区的居住用地实施混合功能的开发；统筹生产与生活空间，优化居住空间布局，鼓励在就业密集地区周边增加居住用地布局，促进地区职住平衡；已建居住密集地区应控制新增住宅用地供给，重点完善居住环境、公共服务配套和交通支撑。

在公共管理与公共服务设施空间优化方面，规划编制要综合考虑单元目标定位、服务能级、服务人口、功能特色等因素，形成单元公共服务体系，落实上位规划的城市级公共服务设施的数量、位置和规模要求。

在产业空间优化方面，规划编制要为新建产业区布局完善的配套设施，引导产业用地集中紧凑布局，鼓励结合产业特点提高土地使用强度。产业更新区引导传统产业园区改造，逐步完善交通、公用等设施配套，推动低效产业用地转型升级。交通便捷、配套完善的重要产业发展平台等区域应布局新型工业用地，鼓励混合开发。

在绿地与开敞空间优化方面，规划编制要落实上位规划及相关专项规划确定的绿地系统结构、各类绿地的规模和空间布局、相关管控指标等要求。

5.1.4　支撑体系

详细规划的空间支撑体系主要包括公共服务设施、综合交通、市政设施和韧性安全等。

公共服务设施包括教育、医疗、文化、体育、社会福利、管理服务等相关类型设施，其中，教育设施包括高中、初中、完中、九年一贯制学校、小学、幼儿园、托儿所等基础教育设施和社区学校等继续教育设施；医疗设施包括综合医院、中医医院和专科医院等医院与急救中心、血液中心、妇幼保健院、卫生监督机构、疾病预防控制中心等专业公共卫生机构，以及社区卫生服务中心、社区卫生服务站等服务设施；文化设施包括图书馆、博物馆、科技馆、公共美术馆、文化馆、档案馆等专业场馆和青少年活动中心、妇女儿童活动中心、老年活动中心等群众文化活动设施；体育设施包括体育馆、体育场、游泳馆等体育场馆和全民健身活动中心、多功能运动场地等群众体育设施；社会福利设施包括养老院、老年养护院、老年大学、托老所等老年人社会福利设施和残疾人康复机构、残疾人托养服务机构、残疾人综合服务设施等残疾人社会福利设施，以及儿童福利院等儿童社会福利设施和救助管理站等救助设施；管理服务设施包括街道办事处、社区综合服务中心、公安派出所、司法所、居委会、党群服务中心等社会管理服务设施。

公共服务设施级别可分为国家级、省级、市级、区县级、街道级、社区级六个级别。其中，国家级、省级、市级、区县级落实总体规划、专项规划等上位规划要求，合理规划用地布局与规模；街道级、社区级设施结合"15分钟生活圈"规划，促进高品质公共服务设施与社会治理相结合，在满足安全、环保和功能需求的基础上，合理确定设施类型和标准。以上一套设施的集中设置，可以构建社区公共服务中心，优化公共服务设施布局。

综合交通要落实上位规划、道路专项规划等上位规划确定的道路网络系统，在详细规划中结合用地布局优化细化路网布局，注重与周边路网的互联互通，注重慢行系统，建立安全、连续、方便、舒适的慢行网络。城市道路系统应反映城市风貌，体现城市的历史和文化传统，保护和延续历史风貌地区的道路格局。城市道路网的形式和布局，应根据城市用地布局、开发强度、客货交通集散点的分布和交通流量、流向，结合地形、地物、河流走向、铁路布局以及原有道路系统确定。

明确城市快速路、城市主干路和城市次干路的道路走向和红线宽度，结合用地布局，优化道路技术指标，可对城市支路在内的道路网进行细化。明确单元内机场、铁路、港口、公路的客货运枢纽等对外交通设施的用地控制要求，明确单元内铁路线的走向及宽度控制、高等级公路的走向及红线宽度控制，可理顺对外交通系统与城市内部交通系统之间的关系，从而落实城市轨道交通走向、站点、车辆段、停车场等位置，明确常规公共交通的场站数量、规模、布局，鼓励轨道交通场站的TOD开发、公共交通场站的混合立体开发，并依托水系、公园、历史文化资源、生态景观资源等要素，规划慢行交通道路网络，提出慢行交通道路管控要求和设施配置要求。此外，综合交通体系可以停车设施专项规划为引领，合理确定公共停车设施的规模，布局路外公共停车设施，鼓励停车设施与其他用地功能设施混合布置，提高土地利用效率。

市政设施要贯彻生态文明、绿色发展理念，采用低影响开发、节能减排、海绵城市等技术，落实总体规划、专项规划等上位规划中确定的各市政系统网络、设施用地及控制要求，妥善处理不同层面、不同类型相关规划的关系，预测单元的供水、污水、电力、燃气、通信的需求量，确定单元内的市政基础设施的数量和规模，提高规划的前瞻性和可操作性。市政设施的数量、位置、用地规模、设置形式等应在分析现状及建设动态、统筹各专项规划后予以明确，集中设置以形成"市政岛"，并鼓励各类新技术应用。市政设施包括给水、雨水、污水、供电、燃气、通信、邮政、环卫、供热、再生水、综合管廊等设施类型。

韧性安全要按照环境优先和安全第一的理念，贯彻落实国家大政方针和法律法规，落实上位规划中对环境保护和城市防灾避难的要求，同时落实上位规划环境影响评价中的要求。

5.1.5　城市设计

落实总体城市设计以及所在地段专项城市设计的相关框架性指引要求，主要包括空间景观结构、开放空间特征、重点地区范围等方面。其中空间景观结构包括中心、节点、标志、轴线、廊道、景观风貌地块等组成要素的位置、空间景观特征及空间组织关系；开放空间特征包括公园、广场、特色街道等的性质、边界和空间景观特征等；重点地区范围则结合城市空间结构、特色风貌、历史文化等影响因素综合确定。重要地段应单独编制城市设计，详见本书3.2节。

5.1.6　历史保护

详细规划编制中的历史保护主要在于落实上位规划确定的各级文物保护单位、历史文化名城名镇名村、历史文化街区、历史建筑等历史文化遗存的保护要求，划定保护范围、建设控制地带内的各类历史文化保护线，在传承历史文化的基础上，形成独特的城市风貌和宜居的城市环境。对于未纳入已公布的历史文化街区、历史文化名镇、文物保护单位、历史建筑、历史风貌建筑名录，但具有历史文化及风貌特色的历史城（镇）区、历史地段、文物古迹等地区，规划应尊重原有区域肌理，对周边相邻街坊，宜开展建筑高度和视线分析，控制新建建筑高度，对建筑高度及周边建、构筑物空间景观等提出控制要求。

规划还应确定历史文化资源的保护、整治与更新方式，加强部分有条件资源的活化利用，重点提出其周边功能布局、道路交通、公用设施、公共空间、绿化配置等的完善措施，提升其所在地段的公共活力。

5.1.7 其他内容

其他方面应结合地方特色和实际情况，按需编制方面国土空间详细规划。

5.2 城市中心区详细规划

城市中心区是指以商务、商业、公共服务设施用地为主导功能的高强度开发地区，是城市公共建筑与第三产业的集聚地，呈现出高度的混合性与复杂性。在一般地区详细规划编制内容基础上，城市中心区详细规划的编制有如下要求与重点内容。

5.2.1 编制要求

1. 注重以三产为主的产业多元发展

城市中心区单元的详细规划应在充分衔接国土空间总体规划的基础上，深化开展以服务业为主导的产业空间适配专项规划内容，优化产业空间布局，强化集聚簇群和多元发展，优化中心区的区域服务功能和辐射带动能力。

2. 注重空间混合利用与合理管控

城市中心区单元的详细规划应加强空间资源统筹利用，鼓励土地用途兼容、建筑功能混合，探索"主导功能、混合用地、大类为主、负面清单"等更灵活的开发利用方式和支持政策。

3. 注重富有在地特色风貌的公共开放空间体系营造

城市中心区单元的详细规划应加强城市中心区与相邻生态空间自然资源保护与管控要求的衔接，结合总体城市设计的设计要点与城市中心区城市设计的特殊管控要求，在公共开放空间、蓝绿系统、历史风貌等内容上明确具有针对性的规划管控要求和城市设计引导。

4. 注重公共文化服务设施的空间协同安排

城市中心区作为公共服务设施用地占主导功能的街区，应积极与上位及周边各相关规划布局衔接，重点构建区域、市（区）级的公共文化服务体系，结合街区的社区中心协同建设地区公共服务中心。

5.2.2　重点内容

1. 职能明晰的主导功能定位

城市中心区的功能定位应综合考虑多层次区域尺度中的职能分工及内化的主导职能秩序。中心区的职能分工一般由区域关系、主导产业和地域形象三个方面共同决定；亦可从城市发展、同级中心区、自身发展三个层面来分析明确，在此基础上进一步细化内部职能秩序，形成以行政办公、商务商业、服务咨询、文化旅游、科技创新等适配性为主的功能构成。

2. 弹性混合的土地使用规划

城市中心区的主导功能一般以生产型服务业和公共服务为主，应尽可能考虑不同情景下的土地混合利用，增加开发功能弹性，引导混合用地项目准入（再利用）管理。基于职住平衡及生活圈构建要求，规划应引导在轨道交通等大容量公共交通站场、就业密集地区周边增加居住用地。同时，用地布局应采取"密路网—小街廓—匀质地块"的标准化弹性模式，增加地块的临街面和可达性，提高土地利用率和商业人气，避免"稀路网—宽道路—大街区"的量体裁衣式做法。

3. 层级传导远近结合的开发强度控制

城市中心区的开发强度规划需遵循国土空间总体规划等上位规划的容量规模要求，在"片区—单元"层面协调并明确空间总量上限与主要用地构成，综合考虑城市交通、环境、区位等因素的影响，构建强度分区基准模型，并结合历史保护、城市设计、城市更新等因素对规划进行修正。规划应兼顾开发时序和可实施性，提出近远期方案，并通过土地成本与收益测算进行开发强度模拟；对于高强度开发地区，在确保中心区整体绿地率的基础上，可进行绿化覆盖率管控，通过立体绿化缓解高容积率地块开发压力。

4. 包容友好的公共服务设施及公共开放空间

城市中心区应秉持以人为本的理念，精准配置城市和区级公共服务设施体系，优先保障大型公共服务设施的建设，结合交通枢纽集中布置高等级服务设施，鼓励设施兼容与复合建设，打造"5~10分钟"便民生活圈。高密度中心区更应尊重现状资源，严守生态安全底线，对水网、绿网和路网进行系统协同设计，强调蓝绿空间的贯通与开放，创造全龄友好的公共空间体系。老城中心区则应采取多种存量挖潜方式来解决整体性不足的问题。

5. 凸显地域特色的城市设计及建造管控

城市中心区作为核心风貌地区，应依据上位规划确定的城市风貌特色定位、空间景观系统、开发强度分区等要求，加强城市设计方法运用与空间引导。选取当地风貌特色要素，在刚性管控基础上形成分区分类的在地性城市设计要素管控，明确公共空间、建筑形态、历史风貌保护等设计要求，细化建筑体量、界面、城市色彩、第五立面、天际线等要素设计原则，加大临山临水临绿地块的开敞度管控，塑造独具地域标志特色的城市风貌。

5.3 城市新区详细规划

城市新区是出于城市总体发展需要，在城市外围建设的新区域。城市新区的建设控制应注重规划设计的在地性、合理性与系统性，除了考虑新区本身的产业、居住、交通等综合问题之外，还需结合老城区推动新老区域的协调发展。与既有建成区域相比，城市新区详细规划的编制要求与重点内容如下。

5.3.1 编制要求

1. 注重集中集约发展与开发强度控制

城市新区规划应强调集中集约原则，高效利用土地资源，避免无序扩张，减少高密度建筑群对生态环境的破坏；同时，严格控制建筑密度、容积率等开发强度指标，避免过度开发带来的生态压力和社会问题，确保城市的可持续发展，并考虑城市交通和基础设施承载能力，避免对现有城市功能造成冲击。

2. 注重职住平衡与综合设施配套

城市新区规划需注重职住平衡，减少通勤时间，加强综合设施配套。新区规划应综合考量住房供给结构，满足多层次居住需求，综合布局住宅、商业、办公、教育、医疗等公共服务设施，营造宜居生活条件，吸引人才和企业。新区规划应鼓励公共交通与绿色出行，减少私家车依赖、交通拥堵和污染，并结合多种类型交通设施的一体化发展，实现新区与老城区之间区域交通的高效衔接。

3. 注重新兴产业的引入与人口规模的预测

新兴产业是城市新区竞争力的核心。规划应明确其目标和方向，构建完整产业链，促进产业集群的形成；同时，需预测人口增长，确保与产业协调；考虑老龄化、人才引进，通过教育、医疗、住房等政策吸引和留住人才，优化人口结构。新区需要引导产业发展，确定主导产业和发展方向，优化产业结构，推动产业升级，完善上下游产业链，强化产业支撑，提升区域整体竞争力，以成为带动城市发展的新引擎、新高地。

4. 注重城市设计引导，加强标志性景观与整体风貌的营造

城市设计是塑造城市新区特色和形象的重要手段。详细规划应通过城市设计引导，加强对建筑风格、街道景观、公共空间等整体风貌的引导，以形成和谐统一的城市形象。新区应打造标志性景观，展现城市魅力，促进产业发展和地方自豪感。规划应保留自然和人文特色，因地就势，实现传统与现代的结合，满足现代功能需求，提升新区品质，彰显文化特色，提升城市软实力。

5.3.2 重点内容

1. 有利于新兴产业集群的空间布局

规划应明确城市新区产业的发展方向，根据新区产业发展规划，确定产业发展方向、定位和目标，明确主导产业和支柱产业，如高新技术、绿色能源、文化创意等，构建有竞争力的产业集群；确保城市新区具备完善的城市功能，包括居住、工作、商业、教育、医疗等，形成综合发展区。

2. 土地使用的合理布局

土地使用应合理划分居住、商业、工业及公共设施用地，明确新区的整体空间

结构，通过梳理自然生态与地理环境，明确新区布局的空间基底，依托自然地理要素、主要交通干道、主要公服设施形成城市主要景观轴线、交通轴线与公共功能轴线，根据交通系统规划，形成新区空间格局的骨架。产业用地规划应集中在交通便利的地带，明确主导产业及上下游规模，为新兴产业预留发展空间，并考虑产业升级转型需求；通过统筹规划、协同布局、交通连接和弹性用地规划，实现城市新区职住平衡，为产业发展和居住需求提供弹性空间。产业用地规划还应基于新区人口预测，确定居住用地需求与规模，确保有足够的绿地和开放空间，以提升城市生态环境和居民生活质量。

3. 土地使用强度的科学管控

城市新区的开发强度应采取科学管控，评估交通与基础设施承载能力，避免拥堵和设施超负荷。土地开发应科学计算成本收益，评估建设容量与建成效果，确保土地开发的经济性、合理性与舒适性。建筑密度需通过规划来合理控制，保证采光、通风条件，并通过建筑高度控制来优化城市天际线，同时考虑风向、日照等因素。此外，规划中应明确绿地率最低标准，满足生态和休闲需求。

4. 公共服务设施的全面配置

公共服务设施的配置应通过划定黄线范围，提出控制要求，针对各个城市空间层级，明确各类公共服务设施的功能与范围，确保教育、医疗、文化等公共服务功能的稳定运行。市级公共服务设施如大型医院、图书馆、博物馆等，应统筹配置，发挥此类设施对周边区域的辐射效应，以提升整个城市服务水平。居住区级公共服务设施，如学校、社区卫生服务中心、小型商业中心等，应满足居民日常生活的基本需求。小区级公共服务设施如幼儿园、社区服务中心、小型商业设施等，应提高居民的生活质量和便利性。

5. 景观风貌特色的整体引导

为形成独具特色的城市景观，规划需根据既有城市景观特色与历史文化，结合新区自然生态基底，明确新区整体风貌定位，进行系统性的景观风貌管控与引导；规划新区景观整体格局，形成完整的城市景观体系；制定风貌管控导则，明确建筑高度、体量、色彩、风格等方面的管控要求，对不同区域和建筑类型提出具体的设计指引；对重要景观节点和界面，提出详细设计要求；对城市天际线进行多层次规划，控制建筑高度和体量，避免高层建筑的过度集中，保持天际线的层次感和视觉美感；还应制定夜景照明规划，形成宜人的夜景风貌。

5.4 商业功能区详细规划

商业功能区是集聚商贸业态、营造消费场景、具有商业氛围与商业特色的城市核心区域。商业功能区空间活力强劲、交流活动高频，较易出现环境混乱、交通拥挤、容量失控、风貌无序等问题。为此，在一般地区详细规划编制内容基础上，商业功能区详细规划的编制有如下要求与重点内容。

5.4.1 编制要求

1. 注重功能业态的多元配置与土地混合利用

功能业态是激发城市商业功能区发展活力的源泉，如果对功能业态的定位不符合规划区域产业发展的特点或业态配置单一，就无法形成产业和人口的集聚，将导致商业功能区产城不融合、产业空心化和"空城""鬼城"等问题，难以持续支撑商业区的健康发展。

2. 注重公共空间的精细化管控与特色彰显

商业区公共空间是城市公共空间的重要组成部分，其设计管控能够提升城市公共空间的活力与品质。商业区公共空间通常以步行环境为主，室内外空间相互渗透，兼具广场与绿地的双重作用，需在详细规划中对其空间布局、服务设施、建筑界面等要素进行精细化设计管控，才能营造具有活力与氛围的高品质空间。

3. 注重地上地下空间的立体使用与交通衔接

商业功能区通常位于城市中心地带，土地高强度集约节约利用情况普遍，为此，需整体统筹地上地下空间的立体利用，并将与之对应的车行、步行、自行车骑行等多样化交通出行类型进行精细化衔接设计，保障高频率的交通接驳与空间综合有序利用。

5.4.2 重点内容

1. 产业功能的特色化定位与创新性模式

商业功能区的产业及功能定位编制需遵从产业空间网络的复杂联系规律，解决当前功能区中产业定位重复、产业无序竞争的问题，充分考虑相关上下游产业、配套产业、协作产业、服务产业等空间组织，结合新时代发展背景，创新业态复合发展模式，如商业文旅模式、商业科技、商业互动体验模式等，明晰各个区域差异化的产业功能、主导产业等，形成结构化、特色化的商圈网络体系，从而营造消费新场景，吸引客流量，并转化为消费量。

2. 土地的集约化利用与精细化强度控制

城市中心地带的商业功能区需按照节约集约利用要求，对土地利用效益、规划符合情况进行综合评价，精细化确定综合容积率、建筑密度等开发强度控制指标，需综合考虑的因素包括功能区人口密度、地均营业收入、地均税收、地均就业人数等；充分考虑产业流向与城市交通、人口、环境匹配融合，对产业功能进行空间落位，明确其建筑退线、建筑间距、建筑限高、建筑界面等建筑建造控制指标。

3. 公共服务设施的体验式布局

商业功能区的公共服务设施应基于商圈产业功能空间布局，围绕不同年龄、家庭结构与职业结构人群对居住、医疗设施、养老设施、教育设施、体育设施、交往空间、消费空间、休闲空间的需求差异，融入与之匹配的商业、影城、运动、创意、旅游、健身和餐饮等体验式公共服务业态，将公共服务转化为消费场景，进而对各类公共服务设施进行空间落位。

4. 彰显商业风貌的环境景观与历史文化要素控制

商业功能区风貌特色规划应运用城市设计方法对环境景观要素提出具有商业风貌特色的管控与指标设置要求，除建筑风格、体量、色彩等要素外，还需重点对广告牌设计引导、标识系统、特色公共空间、座椅休憩设施等进行统一管控；对功能区内纳入历史文化保护范围的空间要素，落实其紫线管控要求，并进行与其相对应的风貌缓冲区管控。

5.5 商务功能区详细规划

商务功能区是高密度商务建筑集中、商务功能聚集的城市经济活动核心区域，具有交通便捷性、高度可识别性和服务设施多样性等特征，区域内通常城市功能复杂，开发强度大，城市形象要求高，交通密集，地下空间利用多，同时具有高端的定位和高品质城市环境的要求。在一般地区详细规划编制内容基础上，商务功能区详细规划的编制要求与重点内容如下。

5.5.1 编制要求

1. 注重城市地标的形象塑造与空间营造

商务功能区通常具有彰显城市特色、塑造城市形象的作用，其空间设计更加强调整体性、序列感和标志性，各个功能空间的整体协调和景观结构的有机构成尤为重要，在详细规划中需统一协调道路、区域、边缘、节点和地标等城市空间要素，注重具有城市地标代表的建筑物或构筑物设计，形成秩序井然和地域特色浓厚的城市空间氛围。

2. 注重开发强度与开放空间的精细化管控

商务功能区详细规划需进行城市设计专题研究，以此来对整体用地布局及功能进行细致分析，从建筑群整体形态和城市景观角度确定城市天际线、建筑体量、建筑高度、公共空间体系等，同时反推各地块的容积率、建筑密度等开发强度控制指标。奖励政策的制定和协调开放空间的精细化供给，能保证详细规划控制指标的科学性、合理性和精细化管控。

3. 注重地下空间利用与复合交通组织

商务功能区详细规划需充分挖掘地下空间资源的潜力，提高土地利用效率，拓展片区空间容量，强化城市商务中心区的聚集效应，使区域立体化、集约化扩展，实现地上与地下的协调发展；通过与轨道交通站点的地上地下复合交通设计，合理开发地下空间。

5.5.2 重点内容

1. 商务业态的多元与复合配置

商务功能区需推进生态、生活、生产功能的有机融合，在整合周边产业、文化资源，细化商务、商业和居住功能的基础上，寻找不同功能之间的带动关系，探索不同业态间复合集聚的途径，推动商务区的高效、有序建设。其商务类业态可细分为小微企业孵化、SOHU办公、文创娱乐产业、酒店公寓等；商业类业态可细分为大型商业综合体、步行街、运动康体、主题公园等特色化业态。

2. 土地使用性质的精细化控制

土地使用需结合产业功能定位，对商务区进行地块划分，并明确其主导用地性质与兼容性用地性质；可根据功能区策划业态，按照项目尺度对地块进行详细划分与用地性质规定，并从地上地下立体维度对用地功能兼容性进行精细化控制。

3. 地上地下空间的垂直化管控

商务功能区详细规划除对地上空间进行开发强度控制外，还需对地下空间进行管控，主要包括地下用地性质、地下建筑面积和建筑退线、地下出入口方位及衔接形式、层数和标高等控制指标。

4. 市政基础设施的立体化布局

商务功能区涉及网络复杂、承载力大的市政基础设施，需根据规划建设容量，结合人行安全城市建设要求，对供水、污水、电力、燃气、环卫、通信、雨水、防灾等市政公用设施布点进行立体化控制；特别地，需对轨道交通管线与综合管廊管线落实黄线管理规定。

5. 彰显标志性的环境景观设计

为了确保商务区城市地标的形象塑造与空间秩序营造，城市设计需从景观区域、空间轴线、景观界面、节点空间、天际轮廓、滨水岸线、建筑形体、夜景照明和标识控制等方面进行专题研究，提出系统化、特色化的环境景观控制要求；对地下空间中的地铁车站、城市中庭、滨水空间等连续性公共空间也需进行系统控制。

5.6 产业园区详细规划

产业园区是指以促进某一产业发展为目标、产业用地占主导功能的城市环境空间，常见类型包括工业区、物流园区、高新技术产业开发区、出口加工区、保税区等。产业园区详细规划的编制要求与重点内容如下。

5.6.1 编制要求

1. 合理确定园区功能定位与产业类型

产业园区详细规划需在统筹协调区域产业关系的基础上，科学确定产业适配类型，通过合理的园区功能定位，明确产业类型，优化产业空间格局、强化空间支撑、引导空间集聚。

2. 注重产业空间及用地的高效开发与复合利用

产业园区详细规划需引导土地集约节约利用、支持产业转型升级，服务新经济、新业态与新型产业发展需要，提升既有产业空间更新活力，结合产业特点提高土地使用强度，鼓励产业园区进行合理适度的土地功能兼容、混合使用和立体复合利用。

3. 注重园区的综合服务设施配套

产业园区详细规划需在充分发挥产城融合效应的基础上，增强园区内的生活配套服务支撑，并针对企业需求设置产业服务配套设施，构建绿色高效的市政基础配套设施。

5.6.2 重点内容

1. 园区产业发展的明晰定位

功能定位与产业选择是产业园区规划的基础，对园区空间组织至关重要。这部分内容需结合经济实况、政策导向，分析发展路径、区位条件、资源禀赋等因素，明确产业链分工，锚定市场定位基于此明确主导产业、支柱产业和基础产业，形成优势互补的产业结构。

2. 园区功能的合理组织

产业园区需要通过合理的功能分区与交通组织实现与企业生产和成长规律相适应。园区规划应充分考虑生产区、研发区、居住区、仓储区和公共服务区等功能区的区分与联系，实现生活与生产的动静分区，打造节约集约的用地布局模式；交通组织则应人货分流、快慢分置、缩短通勤距离，空间紧张时可立体分流。此外，规划需考虑企业成长时序，灵活而弹性地设置地块。例如，随着工业制造水平提升，研发与高端服务业用地比例增加，新型产业用地（M0）的布置可强化土地资源复合高效利用，但也要规定主导功能占比，防止变相房地产化。

3. 园区开发强度的精细管控

新建产业园区规划应引导产业用地集中紧凑，提高土地使用强度，集约节约用地；合理确定工业用地容积率，适当提高新型产业用地的容积率和建筑限高。与此同时，规划应适度利用兼容性功能，探索混合用地模式，在既有园区更新改造时合理提高用地兼容比例。

4. 园区配套设施的人性化配置

产业园区规划应结合功能定位及人员需求，明确综合服务要求及类型，布置生产、生活、市政基础设施，部分高级园区可增设文化宫、科技馆等特色设施。规划需助力产城融合，对于拥有强大集聚规模的园区，应尤其注重生产性服务功能的配置，并引导产业用地适度兼容生活和市政等配套功能。

5.7 居住功能区详细规划

居住类管控单元的主要功能为居住生活，旨在营造宜居、舒适、安全、便捷的居住环境，提供高品质居住体验。合理的空间布局、便捷的交通组织、完善的服务设施以及优美的环境营造，可以实现居住区的可持续发展和居民生活品质的提升。居住区详细规划设计的编制要求与重点内容如下。

5.7.1 编制要求

1. 旧城住区注重结合城市更新提升居住质量

老城区中的居住类管控单元在满足旧城住区更新要求时，应结合老旧小区改造和旧城更新的多重目标进行管控。主要管控内容包括：①基于城市体检，对既有老旧住区设施补短板，加强"一老一小"等适老化及适儿化改造，增加便民服务设施；②改善交通设施，鼓励发展多模式交通系统，提高公共交通的便利性和吸引力，减少对私家车的依赖；③改善公共空间环境，鼓励居民参与使用，考虑不同年龄和背景居民的需求，提供多样化的公共空间功能；④对老旧建筑进行功能提升，鼓励小规模、渐进式有机更新和微改造。

2. 新城住区注重满足生活圈及完整社区要求

新城住区的居住类管控单元需贯彻以人为本、功能完善、环境宜居和可持续发展的理念，依据《完整居住社区建设标准（试行）》和"15分钟生活圈"原则，构建便捷、高效、宜居的社区环境，确保居民在步行或短途骑行范围内满足日常生活服务，通过营造多层级生活圈和多元化街道空间，促进社区互动，增强凝聚力与归属感。

5.7.2 重点内容

1. 旧城住区完善综合服务配套

旧城住区应依据《完整居住社区建设标准（试行）》和"15分钟生活圈"的要求规划和建设，详细规划的重点内容主要有以下七点。

①利用现有闲置空间，增加或改善老人和小孩的服务设施，如老年活动室、儿童游乐场、社区幼托空间等；②完善便民服务设施，如社区服务中心、便民商店、快递收发点等，以提高居民生活便利性；③在高密度旧城区适当建设停车楼或地下停车场，优化多种新能源汽车类型的停车配套，满足当下新品类生活设施的需要，为未来设备升级预留空间；④改善提升市政基础设施，实施城镇燃气、热力、供水等老旧管网和二次供水设施改造；⑤改善公共空间和绿地系统，利用零散、闲置或消极公共空间进行梳理，改善提升公共空间与景观环境；⑥利用闲置或低效利用的空间植入新业态、新服务，形成复合功能的生活性街道，提升商业活力；⑦引导老旧建筑外立面修缮更新，整饬违建环境，提升老旧社区的整体风貌。

2. 新区住区遵循相关规划标准

新区住区详细规划应科学预测合理的人口规模，确定居住用地结构，保证人均居住面积达到标准要求，平衡居住密度与居住环境质量之间的关系，以避免过于拥挤的居住环境，促进城市的可持续发展。

根据人口规模，按照"完整社区"和"15分钟生活圈"的要求，"15分钟生活圈"需要有一个聚集多种设施的地区级和居住区级公共活动中心，宜与公交站点结合；鼓励设置"一站式"综合集约的邻里中心，应包括更全面的设施类型，如大型购物中心、体育馆、大型医院、剧院、电影院等城市主要公共服务设施，容纳文化活动、医疗康体、生活服务、商业零售等多样功能，此类设施规模较大，能够容纳更多的服务人群，分布相对集中，便于居民通过公共交通或步行到达。其中，"10分钟生活圈"应配置日常基本保障性公共服务设施和公共活动场所，如中型超市、社区卫生服务中心、社区图书馆等，设施规模适中，满足居民日常需求，分布较为分散，基本覆盖居民的生活范围，便于步行到达。"5分钟生活圈"应满足便民服务要求，提供更加便捷的日常服务，如便利店、小型健身点、文化活动室等；应设置儿童游戏场、公共绿地，使规模较小的设施分布在居住区内部，居民可以轻松步行到达，方便快捷。

城市设计可指引公共空间体系的形成，整合庭院、街道、公园及小广场等公共空间，构建连续、完整的系统。创造围合适宜的庭院和活力街道，满足不同社交与休闲需求。步行系统需连续、安全、无障碍，并与公共交通便捷连接。景观和建筑设计应兼顾风格、材质、色彩，并与城市、环境和使用功能相协调，居住建筑与景观环境应体现地域、民族和时代特色。

5.8　交通枢纽功能区详细规划

交通枢纽区是指城市多种交通运输方式（包括陆路、水路、空路等）交会的城市功能区，其以优越的形象、人流和物流保障体系等优势条件，成为城市空间增长的热点，吸引了大量商业、服务业和商务设施在此集聚发展。在一般地区详细规划编制内容基础上，交通枢纽功能区详细规划的编制要求与重点内容如下。

5.8.1　编制要求

1. 注重枢纽区的多样化交通衔接

交通枢纽区功能区详细规划需明确城市交通枢纽职能与性质，并确定城市交通枢纽的功能定位，倡导TOD引导发展，科学分析枢纽换乘、等候、连通等交通组织特征，预测步行、自行车等交通需求，为满足多样化交通衔接提供载体空间，安排与之对应的接驳空间、停车空间、公交站点空间、自行车停靠空间等功能性空间。

2. 注重枢纽区的混合功能复合开发与地上地下空间立体开发

交通枢纽功能区以城市交通枢纽空间为核心区域，以中转功能为中心，根据土地的级差原理确定土地使用强度与功能，以提高空间复合利用效率为目标，在外围区域梯度设置对应服务配套功能，强调多样性功能与层次化联系；同时鼓励利用以轨道站点为核心的地下空间进行立体开发。

3. 注重枢纽区城市门户形象的空间秩序营造

枢纽型城市空间秩序营造要通过标志性空间的塑造，形成鲜明的枢纽门户形象，充分研究城市特色风貌，明确门户建筑物或构筑物设计内涵，确保其对城市特色的凝聚与彰显；同时，要通过交通要素形成的秩序感来形成统一的建筑空间，从而保障枢纽地区建设的整体环境品质。

4. 注重枢纽区的韧性防灾要求

交通枢纽区人流聚集、承载量大，规划需充分考虑区域发展的不确定因素和峰值区段，通过韧性规划方法，在保障服务和基础设施的前提下，加强规划控制的弹性和适应性，保障城市空间的底线安全与协调应对的能力。

5.8.2 重点内容

1. 土地复合利用与地上地下空间联动开发

交通枢纽不应只被视为一个纯粹的交通工具交会点，而应更多地考虑作为集商业、社区、娱乐等功能于一体的复合功能区，为此，交通枢纽区土地使用控制需重点关注地上地下空间的联动开发，以实现对土地的复合利用，承载复杂的复合功能。具体而言，交通枢纽区土地使用控制可遵循"适度开发、突出重点、平战结合、分层利用"的原则，科学确定开发规模，与枢纽地区功能、规模相匹配，强调地下空间开发重点与枢纽交通建筑、轨道交通枢纽相结合，同时结合韧性防灾要求，做好与地下民防设施和非民防设施兼容转化的方案。

2. 开发强度的精细化管控与分区协调

交通枢纽区域通常位于城市的关键地段，其土地资源极其珍贵。因此，设计应以空间利用最大化为导向，进行高强度开发的精细化管控与片区综合协调，根据枢纽地区的功能布局，开发可遵循"核心（枢纽交通核心和公共建设核心）高、外围低""公共设施区高、整治协调区低"的原则进行综合协调。

3. 交通枢纽与其他基础设施的连通性设计

在道路系统、立体交通系统和重要交叉口控制等道路系统规划基础上，土地开发需对枢纽交通核等重要市政交通设施的车行交通组织进行专题研究，包括车行交通的截流、分流方式，线路循环方式，接驳换乘方式，集散休憩方式等；进一步延伸至地下空间利用，明确其功能、设置、出入口、联通等要求，包括地下换乘及商业空间、地下公共联系空间、地下停车空间和地下车道边等。同时，设计者应考虑交通枢纽与周边区域的联系，推进城市与公共交通区域的联动发展。特别是步行线路的设计，需要有利于周边区域快速、方便地与交通枢纽连接。

4. 彰显门户形象的环境景观设计与管控

为彰显枢纽区的城市门户形象，详细规划应进行城市设计导则编制。设计导则应深化环境景观控制指标，主要针对开放空间、建筑形态、街道空间、夜景照明等作出规定，进一步指导修建性详细规划、建筑设计。其中，枢纽地区内的开放空间由滨水开放空间、沿街开放空间、街坊公共空间以及主要开敞节点构成；建筑形态则主要针对枢纽建筑综合体，建筑空间形态在满足枢纽功能需求整体布局的前提下应突出"节点的标志性，界面的连续性"。

5.9 历史街区详细规划

本节中的历史街区类型指广义上具有历史文化特色与风貌的地段，涵盖历史风貌区、历史文化街区等类型。历史文化类地块单元的建设管控旨在能够有效地保护和合理利用城市的历史文化遗产，促进历史地区的可持续发展。历史街区详细规划设计的编制要求与重点内容如下。

5.9.1 编制要求

1. 注重传导紫线管控的上位规划要求

历史文化空间类地块单元的建设应符合历史文化街区保护规划、历史风貌地段、历史建筑与文物保护单位等的法定保护要求，落实街区管控和历史文化名城保护规划的要求，在传承地方历史文化特色、保护历史文化要素基础上，形成独特的城市风貌和宜居环境。

2. 注重历史文化资源活化利用

为实现历史文化资源的可持续保护，规划应平衡保护与利用的关系，让历史文化要素作为城市发展的优势资源，通过文化旅游、文化创意产业等方式，可以创造就业机会，促进经济增长，增强地方自信与文化认同，这对提升城市形象、促进旅游产业、形成长效保护与推动城市经济内生健康发展有重要意义。

3. 非保护类区域应满足风貌协调的要求

对于管控单元内未纳入已公布的历史文化街区、历史文化名镇、文物保护单位、历史建筑、历史风貌建筑等名录，但具有历史文化价值与风貌特色的非保护类地段或建筑，规划应充分挖掘和认识其历史价值，辨识空间布局与建筑特色，对原有肌理进行保护，保留整体空间格局或场所氛围，新建与改建项目应与历史文化要素达到整体协调。

5.9.2 重点内容

1. 明确多个空间层次的管控要求

划定历史文化街区的保护范围，应包括核心保护范围、建设控制地带和环境协调区，对不同空间层次提出相应的管控要求；对于历史文化街区、历史风貌地段、历史建筑和文物保护单位，应制定相应的保护规划或保护图则进行紫线管控。紫线内建设管控要求应遵循整体性、可逆性与最小干预原则，保持地脉与文脉环境的连续性与完整性。地段内的街巷肌理、院落形制与建筑肌理应得到保护，以延续历史文化地块建筑布局、街道走向、建筑间距等整体肌理。

2. 引导历史文化资源活化利用和混合功能业态

规划应引导各类历史文化资源和非保护类要素的活化利用，在整体风貌协调的基础上，鼓励探索适宜性功能转化与更新改造；采取"针灸式"微更新规划公共活动空间，带动社会交往与集聚，提升地段的人气与活力；通过提升居住条件鼓励原住居民更新活化，适度引导商业项目的规模和布局，引导传统商业的活化，如手工艺品店、特色小吃店等，避免过度商业化破坏历史环境。

3. 管控开发强度和整体风貌

规划应控制开发强度，保持历史环境和风貌的整体和谐。其电容积率控制应保持地区的历史风貌和建筑特色，同时允许适度的更新和改造；建筑应避免过度拥挤，保持街区的传统肌理和空间特色，应分区域管控建筑高度，确保新建或改建项目不会遮挡历史建筑的视线或原有天际线，避免破坏历史环境；对整体地段的第五立面应进行管控、维护与活化，如屋顶设计、屋顶绿化等，提升历史环境的美观度和可持续性。

4. 优化市政基础设施与交通设施

针对历史街区基础设施老旧、交通与停车设施匮乏等问题，规划应注重供电、供水、排水、停车等市政设施现代化升级，既能满足居民日常生活需求，又能保障历史建筑的安全。交通规划要充分考虑历史街区的特色与风貌，合理设置步行道、非机动车道，并适当引入智能交通系统，缓解交通压力；同时，增设公共停车场和交通换乘点，方便游客和居民出行，为历史街区的商业服务提供有力支撑。

关键术语

城市中心区、完整社区、商务功能区、产业园区

思考题

1. 城镇详细规划编制的核心内容主要有哪些？
2. 城市中心区详细规划编制需注重哪些编制要求与重点内容？
3. 历史街区详细规划的编制需要注重哪些编制要求和重点内容？
4. 交通枢纽功能区详细规划编制需注重哪些编制要求与重点内容？

参考文献

[1] 梁江，陈亮，孙晖.面向市场经济机制的主动应对——深圳福田中心区22、23-1街坊控制性详细规划演进分析[J].规划师，2006，22（10）：48-50.
[2] 郭珂歆，叶步云，杨旭，等.南宁五象新区龙岗商务中心区控制性详细规划修编策略[J].规划师，2021，37（2）：70-76.
[3] 赵燕菁.从计划到市场：城市微观道路——用地模式的转变[J].城市规划，2002，26（10）：24-30.
[4] 武思标，刘晓华，唐晓华.城市综合型居住区控制性详细规划编制探析——以宜昌市东湖中心区控制性详细规划为例[J].规划师，2010，26（10）：78-85.
[5] 邱强.控规修改机制设计的实践与探索——以重庆中心城区为例[J].重庆建筑，2021，20（2）：5-8.
[6] 章飙，杨俊宴.融合城市设计的控制性详细规划编制探索——南京浦口中心区规划实践[J].现代城市研究，2010，25（1）：47-53.
[7] 薛颖，顾亚男.国土空间规划体系下详细规划编制思路探索——以榆林市中心城区为例[J].小城镇建设，2024，42（4）：32-39.
[8] 杨俊宴，唐雯，史北祥.矩阵综合定位法：城市中心区发展定位的判定方法研究[J].规划师，2014，30（3）：88-94.
[9] 曹轶，魏建平，许世光.产业选择与工业园区控制性详细规划的耦合——以广州南沙区电子信息产业园为例[J].规划师，2012，28（2）：34-38.
[10] 杨斌，刘峥嵘，单丹，等.《城乡规划法》指导下的控制性详细规划编制——以唐山市曹妃甸工业区控制性详细规划（街区层面）为例[J].城市规划，2010，34（03）：89-92.
[11] 蔡震，张晋庆，陈烨.全程式产业园规划及要素控制初探——以北川新县城山东产业园详细规划为例[J].城市规划，2011，35（S2）：104-109.

第 6 章

村庄规划编制

■ **教学要求**

　　与城市地区的详细规划相对应的是乡村地区的村庄规划。其与城市地区的详细规划的最大不同，是乡村地区的村庄规划对象涉及传统城乡建设用地以外更多的其他用地类。村庄规划从规划布局到实施管控，必须兼顾农业生产的发展需要和生态系统多地类的统筹协调等要求，因此该过程更为复杂；其次，还要深刻理解我国农村地区采取的是农村土地集体所有制，而非国有制，这对于村庄规划的编制和实施有着重要影响。此外，相比城市建设区域，乡村地区用地的经济产出效率明显较低，大多数地区的变化速度也明显较慢，因此在规划编制和实施管控上的投入力量也非常有限。对于仍处于发展中国家阶段、大量乡村地区刚刚脱贫的我国而言，这一点对在乡村地区开展规划工作的制约尤为突出，值得引起高度关注。在这样的背景下，国家特别强调指出要编制"多规合一的实用型村庄规划"，截至 2024 年，各地也开展了大量实践探索，为具有重要特色的村庄规划编制和实施作出了重要贡献。

　　总体上，作为详细规划的村庄规划，同样需要依据上位国土空间总体规划来编制并传导落实其规划要求，还要遵循涉及乡村地区的各类专项规划的要求，并且与相关部门的专业规划相协调。前者如各级政府部门公布的乡村振兴战略规划及地县部门公布的村庄布局规划等，后者如农业部门公布的农业发展规划等。此外，我国的村庄规划在实施管控方面有着很强的政策性和特殊国情背景，应特别注重对现状实际用途的实时管控，以及对农用地，特别是耕地的保护，一些要求已经以法规的形式被纳入到《土地管理法》《城乡规划法》等法规中，值得高度重视。本章学习旨在掌握作为详细规划的村庄规划的定位、作用、内容、编制方法与类型，并了解村庄设计与村庄规划的差异性及其特点。

6.1 村庄规划的定位与作用

6.1.1 村庄规划的定位

根据 2019 年《中共中央 国务院关于建立国土空间规划体系并监督实施的若干意见》和《自然资源部办公厅关于加强村庄规划促进乡村振兴的通知》，村庄规划作为国土空间规划"五级三类"体系中城镇开发边界外的详细规划，属于法定规划，且可作为开展国土空间开发保护活动、实施国土空间用途管制、核发乡村建设项目规划许可、进行各项建设等的法定依据（图 6-1）。

6.1.2 村庄规划的作用

结合定位及现阶段国家发展需要，村庄规划的作用主要体现在如下四个方面。

其一，在国土空间规划体系建立背景下，由上而下的规划管控指标及各项要求，通过村庄规划编制落实到村庄并纳入日常乡村土地空间管制，并且与其他相关部门涉及乡村空间使用的要求等统筹协调，由此落实有关政府部门在村庄层面的国土空间规划职责。

其二，动员村民和村集体经济组织的共同参与，在落实政府层面有关村庄国土空间规划及管制要求的同时，尊重村民意愿，统筹村民和村集体关于村庄空间发展及布局有关要求，将村庄规划及其编制作为村集体组织的重要工作内容，进而促进村集体治理水平提升，并将尊重村民自治落到实处。

其三，村庄规划编制的过程，也是盘整和挖掘村庄自然和社会经济、文化等多维度发展资源，发现存在的各类发展问题的过程。研究明确涉及村庄未来发展方向和方式等的重大定位问题，可以为统筹资源投放和实现发展及发展利益调配，以及为国土空间布局优化奠定重要基础。

其四，支撑乡村振兴战略与各部门重大战略部署的实施。《中央农办 农业农村部 自然资源部 国家发展改革委 财政部关于统筹推进村庄规划工作的意见》明确要求把加强村庄规划作为实施乡村振兴战略的基础性工作。做好村庄规划工作，有利于理清村庄发展思路，统筹安排各类资源，优化乡村生产生活生态空间，引导城镇基础设施和公共服务向农村延伸，促进城乡融合发展，支撑乡村振兴战略落实落地。

第6章 村庄规划编制

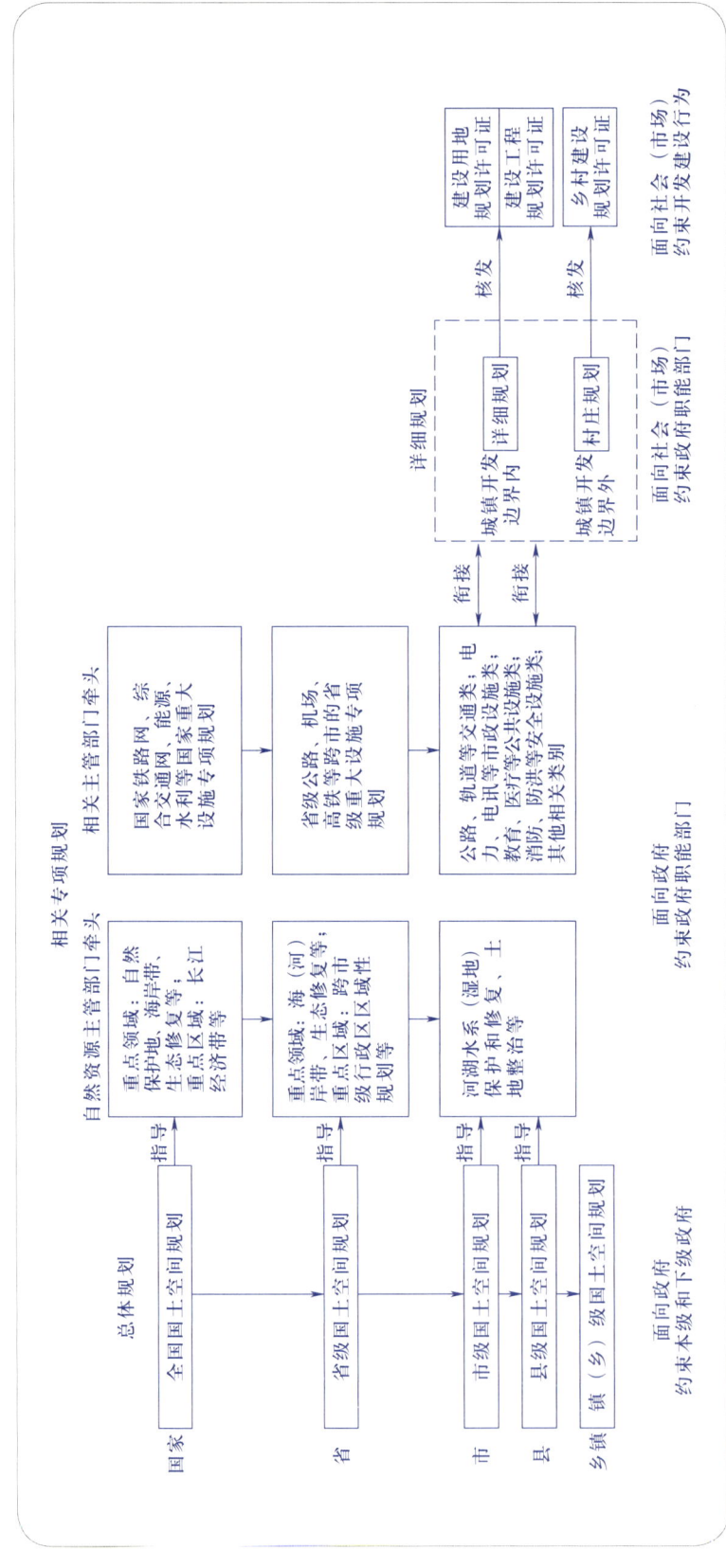

图 6-1 村庄规划在国土空间规划体系中的定位
资料来源：作者自绘

6.2 村庄规划的内容与编制方法

6.2.1 村庄规划的内容

根据定位要求，凡是涉及乡村国土空间使用及建设管制，以及推动布局优化和引领建设发展的内容，都属于村庄规划需要考虑的内容。乡村国土空间使用涉及很多部门的工作，并且还是承担国土空间规划战略部署的基础层面，具体内容涉及多个方面。2019年至今，中央有关部门多次发文提及村庄规划的具体内容要求，总体上可以概括为"八个统筹、一个明确"共九个方面的内容。

统筹并制定村庄发展目标： 在落实上位规划要求的基础上，应充分考虑人口资源环境条件和经济社会发展、人居环境整治，以及在其他相关部门要求的基础上，统筹协调并明确村庄发展、国土空间开发保护、人居环境整治等方面的规划目标，明确各项约束性指标。

统筹并明确生态保护及修复方面要求： 落实生态保护红线划定成果，明确生态空间格局及林、草、湖等与生态空间有着密切关系的用地，并且从用地比例和布局等层面提出规划要求。原则上，应尽可能多地保留乡村原有的地貌和自然形态等，系统地保护好乡村自然风光和田园景观。此外，还应从优化角度，对需要推动生态环境系统修复和整治的空间提出明确要求。

统筹落实耕地和永久基本农田保护要求，根据实际需要提出布局优化建议： 首先，根据上位规划及现状实际情况，落实永久基本农田及储备区的划定成果，落实补充耕地任务，守好耕地红线。在此基础上，统筹安排农、林、牧、副、渔等农业发展空间，完善农田水利配套设施布局，保障设施农业和农业产业园发展的合理空间，促进农业转型升级。对现状存在的一些零星散布的用地，特别是永久基本农田等实际难以发挥应用功效的用地，应提出布局优化的方向和策略。但是在项目尚未实施之前，永久基本农田等用地仍应维持原用途。

统筹并落实历史文化传承与保护要求： 深入挖掘乡村历史文化资源，划定乡村历史文化保护线，提出历史文化景观整体保护措施，保护好历史遗存的真实性；防止大拆大建，做到应保尽保，在此基础上可以量力而行提出风貌提升与活化利用等方面的规划建议。

统筹基础设施和基本公共服务设施布局： 在县域、乡镇域范围内统筹考虑村庄发展布局以及基础设施和公共服务设施用地布局，规划建立全域覆盖、普惠共享、城乡一体的基础设施和公共服务设施网络。以安全、经济、方便群众使用为原则，因地制宜提出村域基础设施和公共服务设施的选址、规模、标准等要求。

统筹布局产业发展空间：统筹考虑现代农业发展及一二三产业融合发展，以及新型产业在农村发展的趋势和规律，提前谋划并提出布局引导的建议，为今后结合实际项目引入和落地建设预留必要发展空间。原则上，除少量必需的农产品生产加工外用地，一般不在农村地区安排新增工业用地。

统筹农村住房布局并明确建设标准：按照上位规划确定的农村居民点布局和建设用地管控要求，严格落实"一户一宅"，合理确定宅基地用地规模和建设标准，划定宅基地建设范围。同时，也可以根据实际需要，因地制宜提出住宅的规划设计要求。

统筹制定村庄安全和防灾减灾措施：分析村域内地质灾害、洪涝等隐患，划定灾害影响范围和安全防护范围，提出综合防灾减灾的目标以及预防和应对各类灾害危害的措施。

明确近期实施项目，保障项目实施合法合规：统筹各部门发展诉求，积极对接相关部门及机构，研究确定近期急需推进的生态修复整治、农田整理、补充耕地、产业发展、基础设施和公共服务设施建设、人居环境整治、历史文化保护等项目，落实各地用地，确保合法合规，进而明确资金规模及筹措方式、建设主体和方式等。

6.2.2 村庄规划的编制方法

通常，村庄规划的编制都应包括调研、评估、方案与成果审查入库等环节，根据村庄规划的定位及编制内容要求，较具特色的工作，还应包括项目对接与联审，以及村民参与。

1. 调研

对所有的规划编制工作而言，调研都是重要的基础性工作。调研的内容通常涉及多个方面，较为常见的包括对上位规划和相关规划的要求的梳理，对区域及自然环境、现状土地用途、社会经济文化、建设及风貌等情况的调查汇集，对各类灾害及防护情况的调查及对历史沿革及历史文化资源等情况的调查，以及对各级领导和组织及村民意愿的调查等。总体而言，需要调查的情况很多，但在实际工作中则应根据实际情况，选择最重要和最紧迫的内容，量力而行。

2. 评估

对所有调研的情况，在整理基础上，通常都需要进行必要的评估。针对不同资料及目的，评估工作也应当有所差异，但总体上主要涉及对既有目标及各方诉求合理性的评估，对当前存在问题的发现及其紧迫性的评估，以及对诸多系统协同性的评估等几个方面。评估可以协助调研工作找到关键性和紧迫性的问题，分析其成因并对规划工作提出相关建议。

3. 方案编制

村庄规划方案的制定，即根据实际需要完成村庄规划内容的编制工作的过程。这个过程不仅涉及村庄空间布局的优化，还涉及各相关系统的发展目标，以及为此需要采取的措施。这个过程不仅需要落实上位规划和协调统筹相关规划及诉求，还要针对所发现的问题，在遵循整体发展导向的情况下，提出规划策略，直至达成共识。

4. 联审与项目对接

当前背景下，村庄规划方案的编制，在较大程度上受到项目准备及其可行性的制约。在很多地方，除非有明确的符合国家有关规定且即将实施的项目作为支撑，通常不允许调整永久基本农田及一些生态空间的布局。这样的规定虽然有利于强化对上述空间的保护，但客观上也限制了规划在推动空间布局优化方面的前瞻性与引导性。当然，这提醒我们，空间布局优化等规划导引，都应当强化其可行性，最理想的情况下，特别是近期规划，其规划方案应有明确的行动措施举措，这就要求规划编制切实加强与相关政府部门及相关多元社会主体的协调沟通。

5. 成果入库与实施

国土空间规划体系的时代，也是中国的国土空间规划进入数字化和数据库的时代，这也是国家整体进入数字化时代的重要内容之一。因此，最终完成并获得批准的规划成果，都应当按照统一的规范录入数据库，进而发挥其应有的约束和引导作用。所有涉及村庄规划的建设及土地利用调整，都应当按照必要程序及时规范入库，从而保障规划实施的合法合规性。

6. 村民参与和公众参与

尽管所有的规划编制过程都需要不同程度的公众参与，村庄规划的村民参与却与其他规划有着重要不同。这是因为尽管国土空间规划的编制隶属于政府行政工作，我国农村地区采取的土地集体所有制却决定了村民的地位，因此村民及村集体参与村庄规划编制并最终决定是否通过该规划具有正当性。因此，村民及村集体参与村庄规划编制过程，不能简单地等同于通常所言的公众参与，而是应当以全过程全方位的方式，介入到村庄规划编制的全过程，并最终拥有对村庄规划是否通过发表意见的权利。

除了村民及村集体组织，村庄规划编制及实施过程还应当包括正常的公众参与活动，允许利益相关的村民、政府及社会团体，企业单位及个人，在经历合法合理的程序后，行使参与规划编制并提出意见的权利。正是由于村庄规划的上述特点，国内外有关学者开展了多方面的探索，提出了由上而下和由下而上的村庄规划形式，以及协商式、倡导式及陪伴式等规划编制方法。

6.3 村庄规划的类型

村庄规划可以根据不同视角进行多维度的类型划分，如单一村庄的村庄规划、多个村集中连片的村庄规划、仅针对特定情况编制的非法定性的村庄规划等。根据中央对编制"多规合一"的实用性村庄规划的要求，以及有关部门的规定，不同情况下的村庄规划内容，既可以是内容较为齐全的综合性规划，也可以是仅从整治视角提出的部分内容要求；可以根据需要针对部分内容编制规划要求，暂时没有条件编制村庄规划的，应在县、乡镇国土空间规划中明确村庄国土空间用途管制规则与建设管控要求，作为实施国土空间用途管制、核发乡村建设规划许可的依据。2024年的《自然资源部 中央农村工作领导小组办公室关于学习运用"千万工程"经验提高村庄规划编制质量和实效的通知》进一步说明了分类有序推进村庄规划编制的要求，明确指出不盲目追求村庄规划编制"全覆盖"，科学开展村庄规划编制工作。重点发展村庄可单独编制村庄规划，或多个村庄合并编制，或与乡镇级国土空间规划联合编制；城镇开发边界内及边界处已明确城镇化任务的村庄，可纳入城镇详细规划统筹编制；其他村庄可制定"通则式"规划管理规定，明确村庄建设边界以及"三区三线"、自然灾害风险防控线、历史文化保护线和风貌特色等控制引导要求，纳入县、乡镇级国土空间规划，依法报批后将此作为乡村规划建设管理依据。以下对一些较为常见的村庄规划的类型予以简单介绍。

6.3.1 综合性的村庄规划

综合性的村庄规划，即按照有关要求，对村庄国土空间优化和建设管制等诸多方面都较为全面和系统地开展规划编制工作，并且尽可能多地完成多个维度的村庄规划内容的统筹与整合。综合性村庄规划的全面性和完整性，使规划工作可以更好地统筹思考村庄发展的诸多方面因素制约，提出的规划要求也往往会更加严谨和全面。

国家有关部门对综合性村庄规划编制的适应面进行了较为明确的约定，强调其主要适用于尚需进行较大规模建设发展的村庄。这不仅因为这样的村庄需要来自多方面的综合条件支持，需要开展综合性规划的编制，也因为大多数不需要大规模建设发展的村庄在现阶段通常无需大规模建设投入也不急于编制如此复杂的规划，从而也有利于实事求是，节省人力和经费投入。

6.3.2 简易性的村庄规划

除了上述内容较为齐全的综合性的村庄规划，国家有关文件特别提出了可以根据实际情况简化编制内容的要求，由此不仅可以节省人力和资金投入，还体现出"实用型"村庄规划的特点。概括而言，这些简易性的村庄规划可以分为如下三种情况。

编制针对性的规划内容： 具体而言，对并非城乡融合发展或者集聚提升发展类型的村庄，可以根据实际情况确定规划编制的具体内容。譬如有搬迁安置需要的，可以聚焦于搬迁安置的实际需要编制相关规划内容；对于涉及局部更新发展的，可以着重于更新发展的地域编制相关规划，甚至根据实际需要深化部分的内容编制工作；对于需要重点推进人居环境改善或者乡村风貌提升方面工作的村庄，可以重点从这些方面编制规划，也可以根据实际需要先行推进村庄设计方面的工作。

沿用或部分优化国土空间用途管制要求： 对近期甚至近中期都没有明确的较大规模建设活动的村庄，可以继续沿用之前完成的土地利用规划或者村庄建设规划，并且根据实际发展及时更新和监督土地用途，或者针对部分情况在符合国家法规要求的情况下，优化国土空间规划的土地用途管制要求。

因需渐进编制的村庄规划： 对于部分条件尚未明确，或者暂时并非急需的规划内容，有关规定明确提出，除非涉及法定性的内容，可以暂不作安排。部分情况下，还可以直接结合项目实施落实规划要求并及时更新相关图件及数据库。

无论何种情况，简易性的村庄规划，看似减少了部分内容的编制，却充分体现了规划的实用性和针对性，印证了规划编制工作的严肃性。而渐进完善的过程，也充分体现了规划的实践性和时间性。

6.3.3 连片村庄规划与村庄规划单元

随着各地在国土空间规划体系背景下大力推进村庄规划编制，以镇域为单位或者局部区域多个村庄为单位的连片村庄规划成为较为常见的规划编制类型。在乡镇国土空间总体规划基础上划定村庄规划单元来落实总体规划要求也成为常用的工作方法。

实践中的连片村庄规划各有差异，概括而言主要具有三个方面的优点。其一，连片村庄规划有利于节省人力和资金投入，较快地推进量大面广但又普遍没有较大项目建设的村庄的规划工作。其二，连片村庄规划有利于站在更高层面上，以区域性的统筹发展和建设思维来理解连片多个村庄间的发展关系，从而推动规划策略制定的合理性。其三，连片村庄规划，还有利于统筹包括建设用地指标在内的诸多方面要素，协调相互发展关系，进而也有利于村庄发展资源的区域性合理配置。

连片村庄规划有这么多好处，也并非越多越好，而是需要切实从实际情况出发，首先研究连片规划的必要性和可行性，切不可武断地由上而下推进，最终导致规划反而无法实施的不利局面；其次，在具有必要性和可行性的条件下，要切实研究有哪些方面急需推进建设发展或者更新等方面的工作，然后才是针对性地提出规划建议并引导相关村庄及政府部门的推进工作。

在明晰了连片村庄规划作用的情况下，我们可以进一步探讨划定村庄规划单元的方式及意义。通常而言，在乡镇域范围，在乡镇国土空间总体规划的基础上，根据地理邻近且自然及社会经济发展密切相关等条件，以及在规划推动导向下，将若干邻近村庄划定为村庄规划单元并且进一步明确单元层面的相关规划指标及管控要求，从而指导以单元为单位的连片村庄规划的编制或者单独村庄规划编制。实践中以单元为单位落实各类管控指标及要求，在一定程度上可以为村庄层面的规划管控提供一定的灵活性。

6.3.4 通则式与乡镇统筹编制

当前，对于大多数乡村地区，尤其是中西部经济欠发达地区，村庄新增的建设需求较少，且地方政府的规划编制经费有限，难以实现全覆盖的村庄规划编制。比如，河南省发布的"通则式"村庄规划管理规定，对搬迁撤并村的简易村庄规划编制提出了具体要求。吉林省洮南市万宝镇探索了镇村规划联合编制，以乡镇统筹全域村庄规划的编制，以乡镇国土空间规划实现了乡镇域总体规划和详细规划的全覆盖，以"一张图"的图则形式表达了村庄规划建设管控内容。

6.4 村庄设计

村庄设计是村庄规划建设实施的重要环节，可以极大提升村庄建设品质。村庄设计或者说乡村空间设计，近年来在部分发达地区开始推广，但在具体的概念内涵和工作内容上各地尚有明显差异。部分地区将其作为城市设计方法在乡村地区的应用，以解决村庄物质空间和景观风貌问题为导向，通过村庄设计使物质空间能够承载有序的生产生活，通过地域特色挖掘及环境风貌营造使村庄能够承载更多乡村意象；具体包括村庄整体格局设计、物质空间形态及风貌设计、工程设施设计及建设实施等方面的综合或专项设计，是提升农村人居环境品质、塑造村庄特色风貌的重要技术和管理手段。也有部分地区将其作为重要的工作方法和成果类型，用以研究发现和尊重地方"山水林田湖草沙村"等乡村空间系统要素关系及其演化规律，以及自然与历史文化风貌特色，进而遵循规划目标定位，协调相关各方意愿，集成发展资源，协同近期行动，保护和引导乡村特色风貌塑造，并从多个空间尺度促进乡村空间使用效率和品质提升，支撑宜居宜业和美乡村建设，满足广大人民群众不断增长的物质和精神文化需要。

尽管不同地区和专家学者尚有不同认识，但对村庄设计更偏重于村庄的地域特色、空间功能、空间形态和风貌等内容，以及村庄精细化建设管理的重要举措等，已经具有较大的共识。

6.4.1 村庄设计的程序

村庄设计是对村庄规划的延伸与深化，村庄设计涉及生态、建筑、景观、市政等多个方面的内容，是一项综合性、在地性、引导性的设计工作。村庄设计的基本程序可以概括为三个阶段（图6-2）。

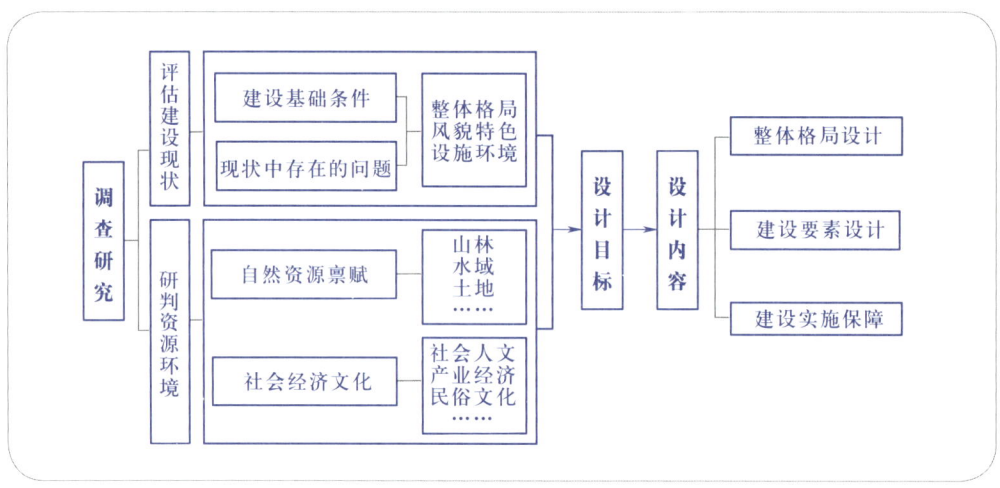

图6-2　村庄设计程序
资料来源：作者自绘

第一，评估建设现状，指通过广泛的资料收集和深入的村庄调查，了解村庄的建设基础条件及现状中存在的问题。

第二，研判资源环境，指对村庄的自然资源禀赋及社会经济文化进行研判，结合村庄现状研究明确村庄设计的目标。

第三，明确设计内容，大致包括整体格局和村庄建设要素等内容，在此基础上，还需从村庄运维的角度保障建设实施和可持续。

6.4.2 整体格局

对村庄的整体格局进行设计优化，通常是村庄设计较为重要工作内容之一。值得注意的是，村庄的整体格局是由村庄所包含的"山水林田湖草沙"和村居设施等各类要素共同构成的，通常与地方的自然条件、历史文脉以及社会经济文化等有着非常紧密的关系。研究村庄的整体格局，发现其中存在的问题，并且根据时代发展的要求适时提出优化的建议，是村庄整体格局调整的重要内容。

我国乡村类型丰富多样，区位条件、资源禀赋、发展方向各不相同，不同类型村庄的设计侧重也不相同。基于村庄规划定位，从产业布局、功能分区、交通组织、景观结构和配套设施等方面对村庄进行整体设计，实现自然环境的持续发展、空间形态的最优布局、人文精神的创新传承。

1. 整体空间格局

山水林田等自然生态资源构成了村庄风貌的基底。首先应从村域整体的空间格局出发，根据地形地貌特征灵活选择路网格局，协调好村庄及其周边的农业生产与生态空间要素，形成交融的空间关系。其次，应根据村庄的地域特征，提取和继承地方村居的建设特色，在满足实际需求的基础上，做好地域建筑文化的传承与创新，依托自然地形与建筑布局营造良好的天际线，塑造多层次的空间形态。最后，应依托道路、河网等线性空间要素，串联并协调村落建设空间与生态和生产空间的关系。

案例一：

陕西省西安市长安区抱龙村，坐落于秦岭抱龙峪口，拥有良好的自然风光。村落沿抱龙峪有机生长，与周边山水林田等自然环境要素相辅相成，形成了尊重自然、因地制宜的空间格局。

扫码读图

图6-3　陕西省西安市长安区抱龙村
资料来源：作者自摄

2. 新老关系衔接

新建片区应充分尊重村庄的原有肌理，基于地形地貌、空间肌理、历史文脉等方面展开空间设计，协调好与现状片区的衔接关系，实现新老片区有机共生，既保持村庄风貌的整体性，又在新老过渡中彰显村庄风貌的特色性。

案例二：

陕西省王上村公共服务中心片区，其更新改造阐释了新老片区有机融合的目标。该片区依托原村庄小学、大队部等闲置、废弃建筑，通过"改造＋复建＋新建"的更新模式，对老建筑植入新功能，延续村庄建筑肌理，实现新老建筑的"自然生长"。

扫码读图

图6-4　陕西省咸阳市杨陵区王上村公共服务中心
资料来源：作者自摄

6.4.3　村落建设系统要素设计

1. 建筑设计

村庄建筑的类型包括村居建筑和公共建筑，应从风貌管控、功能设置、材料选取、屋顶形式、细部构件等方面进行综合设计，建筑色彩应与周边区块相协调，建筑高度应与街巷尺度相契合，建筑体量宜小不宜大、宜低不宜高。村居建筑造型应延续地方村居的屋顶及立面特征，材料应尽量选取当地材料，运用适宜的工艺手法。对公共建筑，包括村委会、学校、幼儿园、村民服务中心等公共服务设施，应按照村庄的类型合理控制规模，注重存量更新设计，传承与创新地域风格，体现时代与地域特色。

2. 公共空间设计

村庄公共空间的类型包括村庄入口、广场、街巷、景观设施等公共开放空间，公共空间应协调自然环境与各类建筑的关系，确定适宜的空间规模、尊重场所精神、承载复合功能，保障高品质的公共生活，并形成良好的视觉景观，其设施建设应以"就地取材、物尽其用"为原则，选用适宜的乡土营造手法提升空间品质。村入口可采用能够显示地方文化特色的建、构筑物来突出入口的功能，提高村庄入口的辨识度并发挥引导作用。广场、街巷等可结合运动设施设置，也可结合使用需求设置可供休憩的亭廊、桌凳等设施构筑物，满足使用需求。对挡土墙、围墙、扶手栏杆、标识小品等景观设施可选用具有地域特色的乡土材料，并选取适应性强、维护成本低的当地植物，通过现代设计手法，营造具有乡土意境的当代田园乡村。

案例三：

甘肃省三益村公共活动广场，在乡建过程中利用拆除废弃的混凝土、废旧轮胎等废弃材料，砖、瓦、卵石等当地常见易得的乡土材料，引入村民参与建设，采用简单的砌筑方式即可形成丰富多样的形式。

图 6-5　甘肃省定西市临洮县三益村公共活动广场
资料来源：作者自摄

3. 基础设施设计

村庄基础设施设计包括道路交通设施，环境卫生设施，给水、排水、电力、电信、供热、燃气等市政公用设施的设计。对于道路交通设施，村庄对外交通道路要确保路面宽度，合理设计道路断面，宜使用沥青、混凝土等材料，提高路面平整度与舒适度。村庄内部交通道路可按照三个层级布置，即主要道路、次要道路和入户道路，以此来协调同建筑尺度、工程管线、景观环境之间的关系，做好照明亮化引导，形成良好的街巷空间关系。田间地头的生产生活道路，可采用砂石、生土等乡土材料。同时，还应结合不同层级的停车要求，灵活设置停车空间。环境卫生设施，村庄生活垃圾处理应以资源化、无害化为目标，结合村庄规模以及服务半径设置垃圾收集点，合理测算数量及容量，并尽量消除对周边环境的影响。对农村改水改厕，可与村庄公共服务设施结合布局公共厕所，选址应与村民集中活动相契合，以村庄人口规模为依据控制规模，建筑形式需与村庄建筑的整体风貌保持一致。市政公用设施如村庄给水、排水、电力、电信、供热、燃气等设施皆涉及工程管线布置，应基于村庄经济发展水平、地形地貌及气候条件、建设难易程度等因素，选用管线架空、管沟入地的方式对各类管线合理组织，兼顾实用性与美观度。对管线进行设计时，应结合城镇距离、人口规模的实际情况，因地制宜地选择纳入城镇管网系统、联村连片或单村单户的供给模式。对架空的管线，要明确线路走向，

案例四：

陕西省抱龙村抱龙广场营建依托村庄原坑洼地建设，设计完整保留场地中原有树木，场地高差随现状因势利导，围绕树木布局休憩空间，形成了舒适的林下休憩空间。

图6-6　陕西省西安市长安区抱龙村抱龙广场
资料来源：作者自摄

确保安全距离，尽可能选择隐蔽性好并且与周边环境相协调的位置与形式，融入生态绿色背景。对景观要求较高的特殊地区或区域，可沿村庄道路两侧设置管沟埋地敷设，但需要为后期维护提供便利条件。

案例五：

崔西沟村的公共厕所，延续了村庄既有坡屋顶形式，为契合公共厕所隔热和拔风的功能要求，融入现代设计手法与传统坡屋顶形式交错形成高低坡，使用灰砖、防腐木板、铝方通等常见建筑材料进行建造，建筑尺度与色彩与周边街巷相融合。

扫码读图

图 6-7　陕西省咸阳市杨陵区崔西沟村公共厕所
资料来源：教材编写团队——北斗城乡工作室项目

6.4.4　实施保障机制

1. 实施机制

村庄设计需要多方协力合作推进，设计过程应鼓励和引导村民参与，建设过程需要获得政府部门支持、发挥村民主体力量、设计主体陪伴建设以及多方力量协力合作，并且应完善设计审查机制、驻镇（村）设计师制度等，进而对设计实施情况进行跟踪、评估，实时动态更新，优化设计内容。

2. 资金保障

结合乡村建设的现状来看，已有公共财政、社会资本、村民自筹等多方面力量为村庄设计落地实施提供资金保障。村庄设计应结合村庄规划期限分期、分批设置建设内容，估算建设项目的投资金额与筹措方式。其中，公共财政资金主要应用于基础设施、公共环境等民生项目，为村庄营建良好的物质空间环境基础；社会资本以及村民自筹主要应用于村庄产业、宅院私产等建设内容，为乡村注入发展活力。

关键术语

村庄规划、乡村建设规划许可、村庄设计、村庄整体格局构成

思考题

1. 请简述村庄规划的内容。
2. 请简述村庄规划的类型。
3. 请简述村庄设计的程序及内容。

参考文献

[1] 中共中央，国务院. 中共中央 国务院关于坚持农业农村优先发展做好"三农"工作的若干意见[EB/OL].（2019-01-03）[2024-05-05]. https://www.gov.cn/gongbao/content/2019/content_5370837.htm.
[2] 中共中央，国务院. 中共中央 国务院关于建立国土空间规划体系并监督实施的若干意见[EB/OL].（2019-05-23）[2024-05-05]. https://www.gov.cn/gongbao/content/2019/content_5397679.htm.
[3] 自然资源部办公厅. 自然资源部办公厅关于加强村庄规划促进乡村振兴的通知[EB/OL].（2019-05-29）[2024-05-05]. https://www.gov.cn/zhengce/zhengceku/2019-10/14/content_5439419.htm.
[4] 张尚武，李京生，栾峰，等. 乡村振兴的规划议题与学科发展思考[J]. 城市规划，2022，46（10）：18-24.
[5] 中央农办，农业农村部，自然资源部，等. 中央农办 农业农村部 自然资源部 国家发展改革委 财政部关于统筹推进村庄规划工作的意见[EB/OL].（2019-01-04）[2024-05-05]. https://www.gov.cn/zhengce/zhengceku/2019-10/22/content_5443115.htm.
[6] 自然资源部办公厅. 自然资源部办公厅关于进一步做好村庄规划工作的意见[EB/OL].（202-12-15）[2024-05-05]. https://gi.mnr.gov.cn/202012/t20201216_2595353.html.
[7] 自然资源部，中央农村工作领导小组办公室. 自然资源部 中央农村工作领导小组办公室关于学习运用"千万工程"经验提高村庄规划编制质量和实效的通知[EB/OL].（2024-02-06）[2024-05-05]. https://gi.mnr.gov.cn/202402/t20240222_2838000.html.

第 7 章

其他类型的详细规划

■ **教学要求**

本章学习旨在掌握风景名胜区、自然保护地、陆海统筹、国有农林场、历史文化遗址、矿区、油田等不同类型详细规划的理论内涵，明晰各类规划的目标以及编制要求，明确规划编制的具体内容和具体方式。明确各类详细规划严格遵循上位规划和相关法规政策，减少对生态环境和文化遗产的不利影响，保障详细规划区的可持续发展。通过学习相关概念与方法、剖析关键规划要点，熟悉各类规划的具体编制内容。在此基础上，进一步从各自的特点出发，理解不同类型规划在保护对象、管控要求、开发利用方式等方面的差异，思考如何从战略层面促进各类规划的协调与衔接，实现国土空间的科学保护、合理开发和可持续利用。

7.1 风景名胜区详细规划

风景名胜区，是指具有观赏、文化或者科学价值，自然景观、人文景观比较集中，环境优美，可供人们游览或者进行科学、文化活动的区域。风景名胜区详细规划指的是为落实所在地国土空间总体规划和风景名胜区专项规划的要求，满足风景名胜区保护、利用、建设等需要，在规定的可建设用地范围内（包括风景游赏用地、服务设施用地、交通工程用地等）具体安排布置各空间要素的活动，为风景名胜区的建设管理提供依据和指导。

7.1.1 编制要求

风景名胜区详细规划的编制依据包括《风景名胜区条例》等相关法律法规，以及所在地国土空间总体规划、风景名胜区专项规划、详细规划编制导则等相关规划及政策文件，可以与相应层级国土空间详细规划合并编制，以保证规划的一致性和协调性。

风景名胜区详细规划的编制应遵循以下三项基本原则。

第一，秉持生态文明理念，保护风景资源，统筹规划，合理控制开发强度，突出景源特色，提升风景价值。

第二，遵循上位规划要求，综合考虑生态、景观、文化、管理等因素，科学布局设施建设，完善服务功能，提升服务水平。

第三，建设选址应避开地灾易发地和生态敏感区，建设风貌应与自然景观及传统风貌协调。

风景名胜区详细规划的编制范围包括边界内的游览区、服务设施集中区以及城乡建设区域，要确定基础设施、旅游文教设施等建设项目的选址、布局与规模，明确建设用地范围和规划设计条件。

7.1.2 编制内容

风景名胜区详细规划应包括以下七项基本内容。此外，根据所在地国土空间总体规划和其他相关规划的要求，可适当增加景源评价、保护培育、居民点建设、建设分期与投资估算等内容。

1. 上位规划传导

分析详细规划区在整个风景名胜区中的地位和作用，分析上位规划对详细规划区域在资源保护、景观展示、用地建设、功能定位、设施配置、居民调控等方面的具体要求，确保上下位规划的一致性。对不一致的内容，应予以说明或进行充分论证。

2. 现状综合分析

全面收集和分析基础资料，梳理详细规划区域内的地形地貌、气候气象、自然灾害、生态环境、风景资源、历史文化、建筑、道路交通、基础工程设施以及居民社会等现状情况，准确把握规划区的资源禀赋、发展条件和制约因素。

3. 发展定位及功能布局

充分考虑规划区的风景资源价值、游赏特点、保护要求以及相关发展条件等因素，在用地适宜性评估的基础上，科学制定规划区的发展定位，明确规划区内的各项功能布局。布局应体现出清晰的组织结构和合理的空间关系，使之形成一个整体协调、高效运转的系统。

4. 景观保护与风貌控制

在全面考虑景观与自然生态保育、景观评价、景观特征分析与景象展示构思的基础上，制定景观环境整治与提升措施，合理布局观赏点、景点、景群和景线等游览要素，加强景观风貌控制与管理，充分展示风景名胜区自然与人文资源的完整性和真实性。

5. 旅游服务设施规划

根据上位规划的要求分类设置旅游服务设施，注意与自然环境相协调，并满足无障碍设计要求。具体的配置与建设规模应综合考虑游人规模、场地条件、景观环境等因素，并针对游人集中分布的重要游览区段制定相应的疏导管理设施和措施，保证游览安全，提高游览质量。

6. 游览交通规划

全面考虑环境条件、游览需求和游人量控制等因素，科学预测交通流量，合理确定车行道、步行道及转换方式，形成系统高效的交通网络。同时，应注意与自然景观保护、游览体验等方面相协调，引导游人有序游览，减少对自然环境的干扰，提升游览品质。

7. 基础工程设施规划

主要包括给水工程、排水工程、电力工程、电信工程、环境卫生、综合防灾等内容。编制过程应充分考虑与周边城乡基础设施的衔接，确保风景名胜区内外基础设施的连贯性和协调性，提升基础设施的综合服务能力。

7.2 自然保护地详细规划

自然保护地是由各级政府依法划定或确认，对重要的自然生态系统、自然遗迹、自然景观及其所承载的自然资源、生态功能和文化价值实施长期保护的陆域或海域[1]。自然保护地分为三种类型：国家公园、自然保护区和自然公园。自然保护地详细规划在自然保护体系中，对可建设用地（包括公共管理与公共服务用地、交通运输用地、水利设施用地等）的地块用途、开发建设强度等指标进行管控。该类规划通过全面的现状调查与评估，科学确定空间布局及环境容量，并对保护培育、风景游憩、社区发展等支撑体系提出具体指引。

7.2.1 编制要求

自然保护地详细规划的编制应严格遵循生态保护红线的划定及管控要求，遵循《自然保护区条例》等相关法律法规，以及所在地国土空间总体规划、自然保护地专项规划、城市规划管理技术规定等相关规划及政策文件。

自然保护地详细规划的编制应遵循以下四项基本原则。

生态优先，应保尽保： 坚持尊重自然、顺应自然、保护自然的生态文明理念，严守生态底线，做到应保尽保。

优化布局，增质提效： 遵循自然保护地体系及空间格局，重视资源保护价值，提高自然保护地的生态效能，促进由数量规模型向质量效益型的转变。

因地制宜，突出特色： 综合自然保护地的类型、资源禀赋和发展需求，突出不同保护地的主体功能和特点，科学划定建设类型，保护自然生态系统、景观和生物多样性。

完善保障，创新发展： 完善配套实施细则和政策措施，建立政府主导、多元主体参与的自然保护地发展长效机制，创新发展举措。

自然保护地详细规划的编制范围包括边界内的游憩区、管护设施建设区以及居民点，要明确管控范围、要求和措施，确定基础设施、旅游及管护设施等建设项目的选址、布局、建设规模以及规划设计条件。

1.中共中央办公厅、国务院办公厅，《关于建立以国家公园为主体的自然保护地体系的指导意见》。

7.2.2 编制内容

自然保护地的详细规划包括以下七项基本内容,具体对应不同类型的自然保护地,分别秉持各自的保护及发展原则,增加保护培育、景源评价、景观系统与建设规划、旅游服务设施规划等内容。

1. 上位规划传导

对上位国土空间总体规划和自然保护地总规划进行分析,明确详细规划区域在整个自然保护地体系中的地位和作用,深入解读上位规划在生态保护、发展定位、用地及设施建设、社区统筹等方面的具体要求,帮助详细规划更好地落实总体规划的要求。

2. 现状综合分析

全面收集和系统分析各类基础资料,准确把握规划区内各类资源的种类、数量、质量、分布和保护状况,梳理社会经济文化等信息,在此基础上明确核心资源的类型、分布和保护现状,并对建设条件进行系统评估,评价规划区的开发建设条件和发展潜力。

3. 发展目标及影响评价

结合国家和地区的生态文明建设目标,立足于规划区的资源禀赋、生态特征、区位条件等因素,提出明确的保护目标、建设目标和管理目标。评估建设目标对生态环境的影响,确保不消耗、少消耗现有资源,利用现有设施,减少对生态环境的干扰和破坏。

4. 空间布局及建设管控

严格遵循上位规划中的用地划分和管控要求,根据规划区特点,明确可以适度开发建设的空间范围和功能布局,比如游憩区、管护设施建设区和居民点。明确建设形式和指标,严控开发强度,确保人类活动不破坏自然生态系统。

5. 道路及基础工程设施规划

包括规划区内的道路交通、给排水、电力、电信、环境卫生、综合防灾等基础设施。根据保护地的功能定位和管理需求,合理确定设施规模、布局和标准。关注科研管护需求，确保设施满足监测、巡护等活动要求。注重采取保护恢复措施，最大限度减少生态影响。

6. 重点建设项目

包括与资源管护、科研监测、科普教育、游憩体验、社区发展等相关的重点建设项目，项目布局应立足于规划区的环境特征，充分评估环境承载力，确保建设活动不干扰破坏自然生态系统，并结合当地的经济社会发展水平和发展需求，合理确定项目规模、标准和时序。

7. 社区规划建设

遵循自然保护地的整体保护与发展目标，分析社区人口、土地利用、产业结构及其影响，优化产业结构和发展模式，对人口、用地、建设规模等指标提出具体要求；鼓励发展集约型生态农业、观光农业，开发特色商品，提高社区可持续发展水平。

7.3 国有农林场详细规划

农场，指农业生产单位、生产组织或生产企业，一般多指国营农场。国营农场即国有农场，是国家投资建立的农业经济组织，为社会主义全民所有制的农业企业。其耕地大量来自开垦荒地，因此通常将该管理机构及其管辖的农场统称为农垦系统（或农垦部门）。农垦系统的农场是中国国营农场的主要部分，其耕地面积约占国营农场总耕地面积的 4/5。在农垦系统之外，还有由农业、畜牧、商业、工交、侨务、司法等部门和部队建立和管理的国营农场。其中，由国家林业主管部门建立和管理的国营农场称为国有林场。

场部一般指农场、林场的办公机构，或办公机构的驻地，是若干社会群体或社会组织聚集在某一个领域里所形成的一个生活上相互关联的大集体的小城镇。例如，北大荒农垦系统各农场的行政部门的驻地机关办公地，都已建成初具规模的特色小城镇。场部是农林场详细规划的主要的可建设用地，以居住用地、公共管理与公共服务用地、工业用地、交通运输用地和绿地与开敞空间用地等用地类型为主。

7.3.1 编制要求

农林场详细规划编制应符合所在地国土空间总体规划和相关农林场专项规划。农林场详细规划主要遵循以下五项原则。

生态优先，绿色发展： 坚持生态文明发展理念，重视生态环境建设，避免短视与开发过度给生态环境带来严重破坏，结合自身发展阶段和职能定位，积极实施"碳达峰""碳中和"行动计划，落实节约集约发展要求，推动形成绿色发展方式。

切实保护耕地和林地： 充分认识耕地资源和森林资源的重要性，以少占、不占耕地和林地为基本要求。

区域协调，高质发展： 充分落实上位规划发展要求，有效衔接场域、场部、镇区、管理区，在交通、功能、空间等重要方面与周边区域有机协调，促进经济、社会、环境三方面高质高效发展。

增强韧性，强化治理： 贯彻韧性发展理念，以保障安全为前提，协调开发与保护的关系，完善基础设施和安全设施建设，有效落实相关防范措施；加强国土空间总体规划传导，进行动态维护，适应规划实施和监督管理需求。

面向实施，落实管控： 强化规划实施性和可操作性，编制成果应满足规划管理"一张图"数据库上图入库要求，同时要保障近期重点建设项目落地实施。控制成果应有充分的依据和可行性，强化与规划管理的衔接，提高规划成果的科学性和可操作性。

农林场详细规划的编制范围包括边界内的农田、林地、生产区、生活服务区以及相关建设区域，确定农业设施、林业设施、基础设施、生活设施等建设项目的选址、布局与规模，明确建设用地范围和规划设计条件。

7.3.2 编制内容

农林场详细规划编制主要包括规划定位与发展规模、空间结构与功能布局、道路及基础设施工程规划、生产设施规划、生态保护与环境治理规划、绿地与景观系统规划等方面的内容。

1. 规划定位与发展规模

从区位、资源和产业等方面确定农林场的总体定位和发展规模，结合城镇开发边界的规划范围，确定规划的总用地、城市建设用地，以及非建设用地面积。

2. 空间结构与功能布局

确定农林场的开发保护总体格局，确定耕地、林地、牧草地、水域等不同土地利用类型的分布和范围；划定农业生产区、林业生产区和综合服务区等功能区；通常结合场部、镇区、管理区等建立综合服务核心，依托交通干线和资源分布形成主要发展轴线，结合功能与产业定位确定若干发展片区；基于"三条控制线"（即永久基本农田、生态保护红线、城镇开发边界）确定农业空间格局、生态安全格局、产业发展格局、景观风貌格局。

3. 道路及基础设施工程规划

构建互通共享的综合交通体系、完善城乡公共服务设施布局、提升市政基础设施配置标准等内容。综合交通体系包括了对外交通、内部道路系统，以及交通场站。公共服务设施布局按分等定级的方式（一级为镇区，二级为管理区区部，三级为管理区居民组）划分为"15分钟""10分钟""5分钟"社区生活圈。市政基础设施配套规划具体包括给水、排水、电力、燃气、供热、环卫、信息等相关规划内容。

4. 生产设施规划

确定种植设施（农田、苗圃和温室、果园和经济作物等）、养殖设施（畜禽养殖区、水产养殖区）的选址和布局；确定农产品加工设施、储藏与保鲜设施选址和布局；设计合理的灌溉渠系、排水沟渠等水利设施，确保农田灌溉和排水顺畅。该规划内容还包括农业机械和设备配置。

5. 生态保护与环境治理规划

包括生态体系建设，以及水资源、湿地资源、林草资源、矿产资源、能源结构等要素的保护利用规划；系统性修复生态受损和退化区域生态功能，采取水土流失治理，生态红线区保护修复，退牧还草，退化草场修复，草原灾害防治，矿山生态治理，地质灾害防治等措施；环境治理包括全域推进高标准农田建设，进行闲置、低效用地整治等。

6. 绿地与景观系统规划

结合农林场自然景观条件规划绿地景观系统结构；设计农林场内的绿化带、风景区和休闲娱乐区域；确定绿化种植的品种和布局，提升整体环境质量。

7.4 历史文化遗址详细规划

历史文化遗址是城镇和村庄用地边界以外的一种特殊的"文物古迹用地"，包括具有保护价值的古遗址、古建筑、古墓葬、石窟寺、近现代史迹及纪念建筑等用地。例如，大遗址（large-scale archaeological site）是典型的历史文化遗址类型，它专指列入国家文物局大遗址项目库的全国重点文物保护单位，属于国家重大历史文化资源。大遗址具有遗存丰富、历史信息蕴含量大、现存景观宏伟，以及年代久远、地域广阔、类型众多、结构复杂等特点。大遗址由遗存本体与相关历史环境组成，涉及文物古迹用地、建设用地、农用地等多种用地类型，在遗产地的居民生活生产、城乡发展以及资源保护和利用等社会发展方面存在着不可分割的关联，属于我国文化遗产保护领域在社会关联程度方面最为突出的遗产类型。

7.4.1 编制要求

历史文化遗址详细规划编制应与所在地国土空间总体规划、历史文化遗址专项规划相协调，主要的规划编制依据包括：《中华人民共和国文物保护法（2017修正）》《历史文化名城保护规划标准》（GB/T 50357—2018）《大遗址保护规划规范》《国土空间调查、规划、用途管制用地用海分类指南》等相关规划和政策文件等。

历史文化遗址详细规划应在文物工作方针"保护为主、抢救第一，合理利用、加强管理"的指导下遵循下列四项原则。

整体性原则： 历史文化遗址不仅包括核心区域，还包括其周边环境和文化景观。规划应综合考虑遗址的自然环境、人文景观、历史背景和社会环境，确保整体保护效果。

真实性原则： 保持历史文化遗址本体的真实性，应尽量使用原始材料和传统工艺进行修复，避免过度修复和现代改造，确保遗址的历史痕迹和文化信息得以保留。

可持续性原则： 兼顾土地资源、生态资源、景观资源的综合保护与利用，统筹区域性文化资源整合，促进遗址所在地的社会、文化和经济协调发展。

公众参与原则： 鼓励和引导相关利益主体参与规划编制，统筹协调遗址保护与经济发展、城乡建设、民生改善的关系。

历史文化遗址详细规划的编制范围包括遗址边界内的核心保护区、缓冲区以及相关建设区域，确定历史文化遗址的保护措施、基础设施、文化展示设施、生活服务设施等建设项目的选址、布局与规模，明确建设用地范围和规划设计条件。

7.4.2 编制内容

历史文化遗址详细规划编制内容主要包括上位规划要求传导、遗址保存现状和价值评估、保护区划、保护措施规划、环境保护与整治规划、人口聚落与居民的详细规划，以及遗址展示与管理专题规划。

1. 上位规划传导

对上位国土空间总体规划和历史文化遗址相关规划进行分析，深入解读上位规划对规划区域在历史保护、发展定位、用地及设施建设、社区统筹等方面的具体要求。

2. 遗址保存现状和价值评估

在全面和深入调查遗址、收集整理学术研究成果的基础上，阐述遗址的历史沿革和现存情况。价值评估应基于遗址本身的研究和比较研究。保存现状评估应根据考古工作及研究现状，对遗址的遗存分布现状进行相对量化的真实性评估、完整性评估与延续性评估。保护管理综合现状评估应基于对遗址的保护、利用、管理、研究与现状监测，进行有效性评估。

3. 保护区划

历史文化遗址详细规划应划定遗址保护范围，根据实际需要划定建设控制地带。在保护范围之外，可根据实际需要划定文物埋藏区和环境控制区。各类保护区划应明确边界，注明占地规模，制定管理规定。

4. 保护措施规划

按照遗址本体及其相关历史环境两部分开展，编制遗址构成要素清单，阐明各构成部分的名称、年代、类别、空间信息等内容。遗址保护对象应依据遗址构成进行分析认定，包括遗址的类型特征和整体格局、遗址本体、出土文物、遗址的历史环境。分析各构成要素对文物价值的贡献，应遵循真实性和完整性原则。应针对现状评估的主要问题和保护对象分类分级制定保护措施，包括保护目标、保护原则、遗存本体保护方式、遗存本体保护措施、遗存本体安全防护措施，以及保护管理措施等。

5. 环境保护与整治规划

包括生态环境保护、环境质量保护、环境整治目标、建设环境整治、景观环境整治、环境卫生整治、用地性质调整建议等内容。

6. 人口聚落与居民点规划

包括遗址本体、保护范围和建设控制地带等不同分区的人口与聚落调控原则、人口调控策略、聚落调控策略、搬迁安置的补偿措施等内容。

7. 遗址展示与管理专题规划

遗址展示与管理专题规划应包括考古工作内容和工作区域规划；展示利用专题包括遗址展示利用策略、展示设施布局和展示方式规划；管理专题包括管理运行、专项管理与管理保障规划；监测专题包括监测体系、内容、管理等规划。

7.5 海洋详细规划

海洋空间作为非建设空间的一部分，其复杂性、长远性、战略性日渐凸显，其管理模式正处于一个改革的"窗口期"。以我国深圳、三亚等为代表的部分城市基于管理需要先行开展了海洋空间详细规划的探索，积累了一定的地方经验。然而，由于海洋详细规划在我国处于起步探索阶段，在编制理念、技术方法与管理路径等方面尚不清晰，容易出现与其他规划衔接不充分、空间约束过度与引导性不足等诸多问题。在国土空间规划体系改革背景下，是否编制海洋详细规划、如何编制海洋详细规划都是亟待探讨的问题。

7.5.1 编制要求

必要性判断是编制海洋详细规划的首要问题，即是否有必要在国土空间总体规划和专项规划编制之后开展海洋详细规划的编制，以及哪些区域需要编制海洋详细规划。基于对《省级国土空间规划编制技术规程》《市级国土空间总体规划编制指南（试行）》《国土空间调查、规划、用途管制用地用海分类指南》《省级海岸带综合保护与利用规划编制指南（试行）》以及浙江、福建、广东等地县级国土空间总体规划编制指南/导则等技术文件的系统分析，可以发现以下三个主要问题。

第一，海洋核心管控内容深度与项目落地实施存在差距。总体规划与专项规划仍倾向于整体国土空间保护与开发的部署安排，在海域、无居民海岛、海岸线等核心管控内容上的规划深度、精度有限，与用海项目落地实施仍存在一定的差距，这为后续海洋详细规划的编制预留了一定的探索空间。

第二，兼容性用海安排有限。总体规划和专项规划在海域方面体现在以引导和规范开发利用活动为主，各功能分区多侧重于规定该区域协调性一致的主导功能，多原则性地提出立体用海的探索性要求，或者提出用海混合、功能混合的比例，而很难提出非常具体的规则。为了协调日益严重的用海活动冲突，亟须合理的详细规划对海洋层面的空间进行安排，在满足用海产业有衔接、用海方式相兼容、环境影响不冲突的要求下[1]，对海域进行点、线、面、域立体多维度空间规划，对海域兼容利用做出分时、分层共享管制。

第三管制措施综合化、差异化有限。总体规划以及有关涉海专项规划往往基于各自关注点会在同一空间提出管理要求，总体规划对实际的实施过程关注较少，虽然纸面内容比较完善，但未考虑海域差异化，难以对具体功能区形成系统化的操作指南和规范，难以指导具体海域使用决策。涉海专项规划在遵循国土空间总体规划的前提下，在海岸建筑退缩线、陆海一体化保护与利用空间、基础设施、防灾减灾、生态修复和国土综合整治、污染防治等方面提出诸多要求，部分内容难以在下一层级总体规划中得到体现。

《中共中央 国务院关于建立国土空间规划体系并监督实施的若干意见》明确提出"空间类专项规划主要内容要纳入详细规划"。《自然资源部关于进一步加强国土空间规划编制和实施管理的通知》中也明确提出不得以专项规划、片区策划、实施方案、城市设计等名义替代详细规划设置规划条件、核发规划许可，即要求这些有关空间管控的核心内容和要求要根据程序纳入详细规划。因此在全域、全要素国土空间用途管制的背景下，探索编制海洋详细规划有其必要性，其能够将上位规划的各项要求落到实施层面，基于区域自然、经济、社会等综合条件，在协调各产业用

1.周鑫，陈培雄，徐伟，等.面向国土空间规划的用海分类探索［J］.中国国土资源经济，2020，33（6）：25-33.

海需求基础上，对海域资源进行科学配置，实现对海洋空间发展的合理引导和控制，提升空间功能价值，为解决地方实际问题、保障地方发展的用地用海空间开拓有效途径。

海洋详细规划是我国本轮规划的新生事物，处于起步探索阶段，尚未达成认知与技术共识。根据《省级海岸带综合保护与利用规划编制指南（试行）》，可先行在有居民海岛、可利用无居民海岛、陆海一体化利用空间、存量围填海区域、其他密集用海区域、规划期重点用海区等区域先行探索详细规划编制。这些区域的海洋管理面临的情况复杂，如海洋产业发展类型多样、功能利用错综复杂，开发活动剧烈，其发展对集约节约、高效利用、精细化管理的要求较高，可探索开展"详细规划+规划许可"的管制方式。

作为面向实施建设的传导性规划，海洋详细规划将面对社会各界多方面利益和诉求，面对更为现实且错综复杂的开发利用环境，因此其编制过程需要灵活把控好以下逻辑关系。

刚性与弹性： 刚性控制突出规划的公共政策属性，运用多种政策工具，强化空间底线，保障上位规划强制性内容的落实，例如自然岸线保有率、用海方式等，以及确定可预期范围之内的核心管控内容以保障公共权益；弹性引导则是适应市场实际建设发展的不确定性需要和开发主体多元化的新形势，衔接上位规划的"引导性"内容，以引导海洋空间开发为主，例如海洋空间复合利用、开发强度区间、养殖容量等，应适当放松限制以便应对市场及其他变化带来的调整。

规划与规则： 海洋详细规划的管理逻辑从根本上说是维护公共利益的，在合理描绘出特定海洋空间开发建设未来可能状态的同时，更需从规划属性适当向规则属性转变，形成能够得到社会广泛认同的稳定规则，起到对海洋开发行为的普遍约束作用，从而避免详规在错综复杂的利益诉求中过度陷入"就事论事"和"量体裁衣"[1]。

存量与增量： 不同海域开发阶段有异，绝大部分近海空间已迈入存量挖潜和内核提升阶段，而少部分近海空间和广阔的远海空间仍处于增量规划时代，因此海洋详细规划的编制应增存并举。针对海域特定发展情况，存量空间需在海域承载力以内推动集约绿色发展，鼓励空间复合利用，并对缺失的控制要素予以补充完善，提升空间整体价值；增量空间要强化区域统筹，充分考虑未来发展的不同可能，兼顾近、远期开发需要，协调安排远近海开发，实现存量与增量空间的统筹联动。

---

1. 黄明华，赵阳，高靖葆，等．规划与规则：对控制性详细规划发展方向的探讨［J］．城市规划，2020，44（11）：52-57．

7.5.2 编制内容

服从国土空间总体规划，衔接各类专项规划，参照国内外海洋规划实践经验，结合陆域详细规划并将其适当拓展至海洋领域，海洋详细规划应包含以下内容与步骤。

1. 基础调查与空间综合评价

充分的基础调查与空间综合评价是详细规划编制的重要基础，关系到规划编制成功与否。如果基础调查达不到一定水平，定量综合分析与评价达不到一定深度，规划过细可能适得其反，将直接影响规划编制的准确性与可操作性，甚至可能成为发展障碍。然而，由于海洋空间的特殊性，常规参考的数据信息在数量与质量方面均落后于陆域[1]，且受编制经费和科研实力的限制，详细规划层面对于规划海域的资源环境认知也难以达到项目级海域环境影响评价、项目选址的程度。因此，部分区域编制海洋详细规划虽然必要，但在更加微观具体的基础调查与空间综合评价领域存在不小难度。

在基础调查与资料收集方面，海洋详细规划需从更精细的角度出发，集成现有成果并予以深化和补充，尽最大可能为详规编制提供更多的数据支撑。建议以国土调查、地籍调查、海籍调查、自然资源统一确权登记等法定数据为基础，充分应用海洋综合调查、海岸线调查、滨海湿地调查等涉海调查数据，海洋环境监测、地理国情监测成果数据，以及规划区域各类规划、海域使用论证、环境影响评价调查资料等，必要时通过遥感技术或实地勘察等对重点海域进行补充调查或通过问卷表格等进行用海主体意向调查，从而对区域自然条件、资源禀赋、开发利用情况、现有资源资产关系进行全面梳理，明确各类要素现状的总量规模和空间分布。

在空间综合分析与评价方面，基于基础调查与资料收集，结合国土空间规划"双评价"结果，深化规划编制单元及基本管理单元的体检评估。通过综合分析资源资产条件和经济社会关系，准确把握地区优势特点，找准空间治理短板，明确功能完善和空间优化的方向，切实提高详细规划的针对性和可实施性。主要分析与评价包括：规划海域资源环境承载能力细化评价，海域使用现状评价，社会经济发展趋势与用海需求分析，用海活动兼容性评价，海域开发适宜性与海域使用潜力分析等。

---

1. 吴晓青，王德，都晓岩，等. 我国县级海域使用规划理论技术框架探讨[J]. 海洋开发与管理，2015，32（2）：25-32.

2. 规划定位与目标设定

应承接"国家—省级—市县级"等不同层级总体规划与战略要求，衔接各层次各类专项规划，在空间综合分析与评价的基础上，对规划区域海洋开发与保护进行战略定位与功能定位选择，确定未来一段时期与规划海域适配的用海目标和方向。明确规划定位后，应结合刚性控制及弹性管控形式，形成与区域空间特色相匹配的详细规划控制指标体系。

3. 生态保护与修复

生态保护与修复领域，主要应细化落实上位规划中的各类刚性管控要素。诸如：采用"边界坐标落实＋管控要求"的形式细化明确生态保护红线及生态空间的保护范围，深化管控要求而非僵硬落实上位管控要求；细化完善以生态核心、生态屏障、生态廊道组成的生态网络，将生态保护、景观塑造的相关要求落到实处；严格落实自然岸线保有率与岸线分类管控，对需要保有的自然岸线和严格保护、限制开发、优化利用的岸线定位定标，分段制定差异化岸线保护与管制措施；依据海洋灾害长期预测，按照防洪、防潮、排涝标准修建防潮海堤工程，合理确定海堤设计标高与海堤断面形式，加强河口清淤工作，全面提高海岸防潮能力；加强环境监测与污染防治，塑造环境品质；依据海域综合分析与评价结果，结合海域使用功能定位、目标设定以及海域使用时空安排，确定规划期间需要修复、整治和保护的重点海域和任务。

4. 用海分区分类

在海域使用综合分析与评价的基础上，统筹考虑用海需求和各部门各行业规划，合理安排用海空间布局，以提高规划的实际约束和指导作用。具体来说，详细规划应严格落实上位规划的海域三级分区成果。然而，由于规划分区具有相对稳定性，其分区越细，制定的用海主导功能及功能区范围越明确，应变能力减弱，不利于用海效益最大化和存量用海的自我更新。因此，在明确三级分区的前提下，不建议详细规划进行四级细化分区，可通过进一步用海分类的细化、差异化用途管制的方法弥补用海分区过于僵化带来的缺陷。

目前，对应规划分区形成的两级用海分类虽然确定了各海块的主导用海类型。然而，由于部分开发利用活动变得日益丰富，对于小尺度海域，依据此分类体系进行空间布局划分仍存在一些问题。例如文体休闲娱乐用海中，如果不继续细分用海，运动船艇、飞行器、摩托船等有动力辅助的活动易产生噪声和安全问题，会对浴场、潜水等无动力的游乐用海造成负面影响，影响双方体验感。再如筏式养殖、网箱养殖、底播养殖等都属于开放式养殖用海，但各自适合的养殖品种与用海空间存在较大差异，需要进行适当的区分。因此，为解决相关冲突，海洋详细规划可在现有用地用海分类指南的基础上，从实际出发，视管理需求而定，根据规划海域内各类活动的空间分布范围和用海方式等，兼顾用海对象的差异、社会惯例等，进一步开展用海分类合理细化与调整。

5. 用海兼容安排

用海分类是基于海上活动的差异化，把不同类型的活动分开，但若各功能区仅允许其主导用途使用，会导致用途管制适应性差、详规频繁调整等症结[1]。因此，需正视海域复合使用的必要性，引入兼容性控制机制，使部分海域以一定比例兼具一种以上互补的用海功能，在满足更多用海需求，实现集约用海的同时保证规划具有一定的弹性。通过对文献的分析总结，海洋用途兼容的维度主要有立体、分时、同步三个维度。一是立体兼容，即根据各用海活动的差异，将海域的水面、水体、海床和底土等各层次资源混合搭配，实现海域多层次兼容使用。例如，我国"风光渔"立体互补模式将海水作为整体分为三层，实现上层风力发电、表层光伏利用和下层渔业养殖。二是分时兼容，即根据各用海活动的特性和用海时间差异在不同阶段实现海域功能的转换。例如，当捕捞区实行休渔期时，可以休闲旅游为主的功能代替，增加经济效益；对于体育赛事、音乐节等一些临时用海活动，用海时间较短，赛事期间可以体育训练和赛事服务为首要功能，优先保证赛事需求，而在非赛事期间，可开展其他兼容性用海活动。三是同步兼容，即不同用海活动在一定时间一定海域内可以同时进行。如，海洋可持续开发的模式——"海洋牧场"，可在划定的海域内同时兼容旅游娱乐、科研教学、交通运输等多种用海活动。

6. 公共服务设施保障

我国陆域详细规划，除注重建设指标和保障区域开发利用外，也非常注重基于开发强度和人口密度等展现区域内部公共服务设施供给的数量、等级与位置等。类比来看，在海洋领域，公共服务设施的建设存在着严重的缺失与滞后。作为实施性规划，海洋详细规划应结合海域利用现状、发展需求和规划布局，在严格控制发展

---

1. 戚冬瑾，周剑云，李贤，等.国土空间详细规划分区用途管制研究[J].城市规划，2022，46（7）：87-95.

底线、引导和规范海域开发的同时，注重保障区域运转所必需、涉及公共利益的公共服务设施的合理布局，以提高海域综合开发保障能力。例如，可从海上通信、电力供应、污水与垃圾处理以及安全救助等领域重点进行探索。

7. 陆海统筹与陆域指引

不同于内陆，陆海交界带空间资源配置与安排需要综合考虑陆上和海上活动的性质、强度以及它们之间或各自内部的相互作用，采取尊重海岸带自然规律的综合方法来有效平衡不同用途间的竞争关系。海洋详细规划在落实陆海规划分区的基础上，需以海岸线为轴，兼顾"以海定陆"和"以陆定海"原则，依据陆海开发利用活动的互动和关联，促进陆海产业联动发展并有效对接，实现海陆协同发展[1]。结合崖州湾实践，陆海统筹与陆域指引的重点内容包括以下两方面：一方面是从规划海域临接的腹地陆域来说，需综合考虑用海需求主体的陆域分布与对滨水空间的需求，统筹布局公共开放空间、设备公共仓储、由陆下海与由海登陆关键节点等；另一方面是对海岸建筑退缩线向海一侧形成的陆域建设管控区，实行精细化管理[2]，统筹考虑岸段的自然、功能和管理属性进行岸段划分，结合各岸段开发利用现状、发展愿景和开发计划，因地制宜创建各岸段用途准入的正负面清单、操作标准等管控政策，实现差异化管控。

8. 空间管制与图则表达

海洋详细规划不仅仅是对用海空间的细化安排，更重要的是根据其用海目标、环境保护要求等，秉承海域使用管理规范，兼顾各专项管控要求，提出适合该空间的具象化管制措施与发展导则。类似于陆域单元详规，图则应在海洋详细规划实施管理中发挥核心作用。研究制定刚性约束、弹性适应的图则编制方法，以"图—表—文"相结合的表现形式，可以将开发总量、资源保护、指标控制、设施配置等各类空间管控要素结合起来落实到图面，形成规划要素可视、可查的具象化管理方式，有效指导规划实施。图则编制在内容上应具体详细，但仍需保持一定的简洁性，要有一定的程序性和易查性。

---

1. 文超祥，吕一平，林小如，等.跨系统影响视角下海岸带空间规划陆海统筹的内容和方法[J].城市规划学刊，2020（5）：69-75.
2. 刘大海，邢文秀，李彦平，等.海岸带规划的管制框架、核心管控边界及权责关系——以山东省为例[J].城市规划学刊，2022（2）：20-26.

7.6 其他特殊类型详细规划

根据《国土空间调查、规划、用途管制用地用海分类指南》的用地类型分类，在城市用地、建制镇用地、村庄用地之外，还包括一些特殊的用地类型，例如采矿及盐田用地、特殊用地，以及其他土地等。采矿及盐田用地指城镇、村庄用地以外的采矿、采石、采砂（沙）场、盐田和砖瓦窑等地面生产用地及排土（石）、尾矿堆放用地。特殊用地指城镇、村庄用地以外用于国防、涉外、宗教、监狱、殡葬等特殊性质的土地。其他土地指上述地类以外的其他类型的土地，包括盐碱地、沙地、裸土地、裸岩石砾地等植被稀少的陆域自然荒野等土地以及空闲地、后备耕地、田坎。

按照国家相关部门要求，除了城镇开发边界内详细规划、城镇开发边界外村庄规划及风景名胜区详细规划等详细规划类型，各地在"三区三线"划定后，应全面开展详细规划的编制，并结合实际依法在既有规划类型未覆盖地区探索其他类型详细规划。本节以矿区和油田两种特殊用地类型为例，介绍其他特殊类型的详细规划编制要求和内容。

7.6.1 矿区详细规划编制原则及内容

矿区是统一规划和开发的矿床或其一部分，包括若干矿井或露天矿的区域，有完整的生产工艺、地面运输、电力供应、通信调度、生产管理及生活服务等设施，其范围常视矿床的规模而定。矿区涉及工矿用地、交通运输用地、仓储用地，以及生活服务区的各类建设用地等，通常针对矿区的生活服务区的可建设用地展开详细规划编制工作。煤田是最为典型的一类矿区，下文以此为例介绍矿区详细规划编制的要求及内容。

1. 编制原则

资源保护与合理利用：严格保护矿产资源，防止浪费和无序开采；合理开发利用矿产资源，提高资源利用效率。

环境保护与生态修复：重视环境保护，减少开采对环境的破坏；规划矿区的生态修复措施，确保矿区开发后能进行有效的环境恢复。

安全生产与风险防控：确保矿区生产过程中的安全，防止安全事故发生；制定完善的风险防控措施，应对可能出现的各类安全隐患。

综合协调与可持续发展： 统筹矿区开发与周边区域的发展，协调处理矿区与其他土地用途之间的关系；注重矿区的长期发展，避免短期利益导向，确保矿区的可持续发展。

2. 编制内容

矿区详细规划应包括矿区概况分析、矿产资源开发利用规划、环境保护与生态恢复规划、基础设施规划、土地利用和公共服务设施规划，以及社会经济发展规划等基本内容[1]。

（1）矿区概况分析

主要包括确定矿区的地理位置、行政区划以及矿区范围，分析矿区的地质条件、自然环境和社会经济条件等现状特征。

（2）矿产资源开发利用规划

主要包括确定开采方式（露天开采或地下开采）、开采工艺和技术参数；制定矿产资源利用计划，包括矿产资源开采的年限、生产规模和矿石处理流程。对矿区内开采区、选矿区、废弃物堆放区、生活区和办公区等进行布局安排。制定安全生产规划。

（3）环境保护与生态恢复规划

主要包括环境影响评价（矿区开发对水、土、气、生物等环境要素的影响分析）、污染防治措施（矿区废水、废气、废渣的处理措施和环境监测方案）、生态恢复计划（矿区土地复垦、植被恢复和生态系统修复等措施）。

（4）基础设施规划

主要包括矿区内部和外部交通运输网络的（包括道路、铁路、港口等）规划、矿区供水供电系统的规划和布置、矿区通信网络和信息化设施的规划，以及矿区职工的住房、医疗、教育、文化娱乐等生活服务设施的规划。

（5）土地利用和公共服务设施规划

主要包括合理划分矿区内的生产区、生活区、辅助生产区等功能区；规划各类用地的具体位置和面积，确保用地布局合理；针对生活服务区，规划矿区工人和管理人员的居住区、医疗、教育、文化娱乐等公共服务设施，以及办公、管理、后勤服务等设施。

---

1. 陈海波. 矿井设计[M]. 北京：煤炭工业出版社，2014.

（6）社会经济发展规划

主要包括矿区开发的经济效益评估，比如矿产品市场预测和经济收益分析；矿区开发对当地社会经济发展的影响，比如就业、收入、基础设施改善等；社区关系和社会责任等规划。

7.6.2 油田详细规划编制原则及内容

油田指原油生产的特定区域，是单一地质构造因素控制下的、同一产油气面积内的油气藏总和，在同一面积内主要为油藏的称为油田。油田涉及工矿用地、交通运输用地、仓储用地，以及生活服务区的各类建设用地等，详细规划编制工作主要针对油田的生活服务区的可建设用地展开。

1. 编制原则

科学开发原则： 应进行充分的地质勘探和资源评估，根据地质条件和开采技术要求，科学合理地布局设施。

可持续发展原则： 重视环境保护，减少开采对环境的破坏；规划油田的生态修复措施，确保开发后能进行有效的环境恢复。

统筹协调原则： 综合考虑油田开发与区域发展、土地利用、基础设施等各方面的关系，确保各项规划的协调统一。

安全生产原则： 要充分考虑安全因素，设计合理的生产流程和安全设施，制定完善的应急预案和事故处理措施。

2. 编制内容

油田详细规划编制主要包括资源评估与利用规划、用地布局与功能分区、基础设施规划、环境保护与生态恢复规划、技术与装备配置规划等内容。

（1）资源评估与利用规划

详细评估油田的资源储量、地质构造和开采条件，确定油田开发的总体思路和方案，包括井位布局、采油技术、采油工艺等。

（2）用地布局与功能分区

确定生产区（规划钻井、采油、注水等主要生产设施）、辅助区（办公、生活、储运、维修等辅助设施）、环保区（划定生态保护区和环境监测区）的位置和布局；针对生活服务区，规划油田工人和管理人员的居住区、医疗、教育、文化娱乐等公共服务设施，以及办公、管理、后勤服务等设施。

（3）基础设施规划

规划油田内外的交通运输网络，包括道路、管道、输电线路等；设计供水、排水、电力等基础设施，确保生产和生活需求。

（4）环境保护与生态恢复规划

主要包括环境影响评价（油田开发对水、土、气、生物等环境要素的影响分析）、污染防治措施（油田废水、废气、废渣的处理措施和环境监测方案）、生态恢复计划（土地复垦、植被恢复和生态系统修复等措施）。

（5）技术与装备配置规划

规划采油设备和设施的选型、配置和布局；建立实时监测系统，对生产过程进行监控和管理。规划安全生产设施和应急救援体系，保障油田生产的安全性。

关键术语

风景名胜区、自然保护地、国有农场、历史文化遗址、自然岸线、海岸建筑退缩线

思考题

1. 在国土空间规划体系下，风景名胜区详细规划更加强调哪些关键方面？
2. 国土空间规划体系下，自然保护地详细规划在编制内容上有哪些侧重点？
3. 农林场详细规划编制的主要内容有哪些？
4. 历史文化遗址规划应如何实现整体保护效果？
5. 哪些区域适合探索编制海洋详细规划？
6. 矿区详细规划编制的主要内容有哪些？

参考文献

[1] 国务院. 风景名胜区条例（2016修订版）[EB/OL]. (2016-02-06)[2024-05-05]. https://www.gov.cn/gongbao/content/2016/content_5139422.htm.
[2] 中华人民共和国住房和城乡建设部. 风景名胜区详细规划标准: GB/T 51294-2018 [S]. 2018.
[3] 中共中央办公厅，国务院办公厅. 中共中央办公厅 国务院办公厅印发《关于建立以国家公园为主体的自然保护地体系

的指导意见》[EB/OL].（2019-06-26）[2024-05-05].https://www.gov.cn/gongbao/content/2019/content_5407657.htm.
[4] 国家文物局.大遗址保护规划规范：WW/Z 0072-2015[S].2015.
[5] 国家文物局.全国重点文物保护单位保护规划编制要求[EB/OL].（2004-08-02）[2024-05-05].http://www.ncha.gov.cn/art/2020/9/15/art_2407_162.html..
[6] 自然资源部.国土空间调查、规划、用途管制用地用海分类指南[EB/OL].（2023-11-12）[2024-05-05].https://gi.mnr.gov.cn/202311/t20231124_2807521.html.
[7] 陈海波.矿井设计[M].北京：煤炭工业出版社，2014.
[8] 阎炎.共绘国土空间壮美画卷——"2023年自然资源工作怎么干"[N].中国自然资源报，2023-02-08（1）.
[9] 叶果，李欣，王天青.国土空间规划体系中的涉海详细规划编制研究[J].规划师，2020，36（20）：45-49.
[10] 胡文佳，陈彬，马志远，等.基于生态系统的海洋空间规划：研究进展与启示[J].海洋开发与管理，2020，37（4）：3-11.
[11] 周鑫，陈培雄，徐伟，等.面向国土空间规划的用海分类探索[J].中国国土资源经济，2020，33（6）：25-33+54.
[12] 张建荣，翟翎.探索"分层、分类、分级"的控规制度改革与创新——以广东省控规改革试点佛山市为例[J].城市规划学刊，2018（3）：71-76.
[13] 黄明华，赵阳，高靖葆，等.规划与规则——对控制性详细规划发展方向的探讨[J].城市规划，2020，44（11）：52-57+87.
[14] 戚冬瑾，周剑云，李贤，等.国土空间详细规划分区用途管制研究[J].城市规划，2022，46（7）：87-95.
[15] MAES F，SCHRIJVERS J，VANHULLE A. A flood of space–Towards a Spatial structure Plan for the Sustainable Management of the North Sea [EB/OL].[2024-05-05].http://hdl.handle.net/1854/LU-336003.
[16] 吴晓青，王德，都晓岩，等.我国县级海域使用规划理论技术框架探讨[J].海洋开发与管理，2015，32（2）：25-32.
[17] 文超祥，吕一平，林小如，等.跨系统影响视角下海岸带空间规划陆海统筹的内容和方法[J].城市规划学刊，2020（5）：69-75.
[18] 刘大海，邢文秀，李彦平，等.海岸带规划的管制框架、核心管控边界及权责关系——以山东省为例[J].城市规划学刊，2022（2）：20-26.

第 8 章

详细规划的实施与管理

■ **教学要求**

详细规划是总体规划的实施落实,其重在规划实施管理。本章学习旨在把握不同类型详细规划的审批制度、一书两证为基础的实施管理制度、结果与过程兼具的实施评估制度、监测与预警制度和动态维护的触发条件及内容与流程等内容。

8.1 详细规划的审批

8.1.1 市(县)级人民政府审批

详细规划根据类型、所处区域差异,由不同审批主体依照不同程序审批。一般情况下,详细规划由所在地的市(县)级人民政府批准,如相关法律、法规和规定有明确要求的,需要从其要求执行。

1. 城镇开发边界内详细规划的审批

城镇开发边界内详细规划的审批制度延续了城乡规划背景下的详细规划的审批制度,一般由所在地的市(县)级人民政府批准。根据《中华人民共和国城乡规划法》第十九条规定,城市人民政府城乡规划主管部门根据城市总体规划的要求,组织编制城市的详细规划,经本级人民政府批准后,报本级人民代表大会常务委员会和上一级人民政府备案。在《城市、镇详细规划编制审批办法》第十五条中进一步明确,城市的详细规划经本级人民政府批准后,报本级人民代表大会常务委员会和上一级人民政府备案。县人民政府所在地镇的详细规划，经县人民政府批准后，报本级人民代表大会常务委员会和上一级人民政府备案。其他镇的详细规划由镇人民政府报上一级人民政府审批。《中共中央 国务院关于建立国土空间规划体系并监督实施的若干意见》中提到，在城镇开发边界内的详细规划，由市县自然资源主管部门组织编制，报同级政府审批。

2. 城镇开发边界外村庄规划的审批

城镇开发边界外村庄规划的审批制度同样延续了城乡规划背景下的村庄规划的审批制度，一般也由所在地的市（县）级人民政府批准。《中共中央 国务院关于建立国土空间规划体系并监督实施的若干意见》中提到，在城镇开发边界外的乡村地区，以一个或几个行政村为单元，由乡镇政府组织编制"多规合一"的实用性村庄规划，作为详细规划，报上一级政府审批。

3. 其他类型详细规划的审批

我国幅员辽阔，对不同地域、不同资源要素的管理差异性较大，其他类型详细规划尚未建立统一的审批制度。

部分类型的详细规划的审批程序已有相关法律法规明确规定，如《风景名胜区条例》已明确风景名胜区详细规划的审批制度。《风景名胜区条例》第十九条规定，国家级风景名胜区的详细规划，由省、自治区人民政府建设主管部门或者直辖市人民政府风景名胜区主管部门报国务院建设主管部门审批；第二十条规定，省级风景名胜区的详细规划，由省、自治区人民政府建设主管部门或者直辖市人民政府风景名胜区主管部门审批。

其他类型详细规划审批要求则尚未统一。以历史文化名城名镇名村为例，根据《自然资源部 国家文物局关于在国土空间规划编制实施中加强历史文化遗产保护管理的指导意见》，有条件的地区可将历史文化名村保护规划与村庄规划、将历史文化街区保护规划与详细规划合并编制。但不同地区对于历史文化街区、村庄规划的审批制度有所差异。例如北京市制定了《北京历史文化名城保护条例》，其中第二十九条规定：历史文化街区、名镇、名村的保护规划经市规划和自然资源、文物主管部门组织审查，由市人民政府批准。陕西省制定的《陕西省历史文化名城名镇名村保护条例》则在第二十三条规定：历史文化名城、名镇、名村保护规划由省人民政府审批，历史文化街区、历史地段、传统村落保护规划由设区的市人民政府审批。

8.1.2　授权审批

详细规划是实施性政策工具，因此其审批制度与地方管理特征密切相关。在地方规划管理实践中，为了提高特定地区的行政管理自主性，或提高特定地区的行政管理效率，原审批机关可以通过授权的方式，赋予特定地区管理机构一定的审批管理权限。比如，赋予部分"特区""经济开发区"等特定功能管理区的管理机构审批详细规划的权限，或为"撤县设区"等行政区划调整设置管理的"过渡期"，在一定期限内保留其原有审批详细规划的权限。

8.2　详细规划的实施管理

我国城市规划实施管理实施"一书两证"制度，即建设项目用地选址意见书、建设用地规划许可证（城镇、乡村）和建设工程规划许可证。

8.2.1　建设项目用地选址意见书

建设项目用地选址意见书是自然资源主管部门依法核发的有关建设项目的选址和布局的法律凭证。为保证城市规划区内的建设工程的选址和布局符合城市规划要求，按照国家规定需要有关部门批准或者核准的建设项目，以划拨方式提供国有土地使用权的，建设单位在报送有关部门批准或者核准前，应当向自然资源主管部门申请核发选址意见书。建设项目选址意见书的主要内容应包括拟建项目的基本情况和拟建项目规划的主要依据。2024年起，自然资源部将建设项目用地预审和选址意见书合并审批。

建设项目用地选址意见书按拟建项目计划审批权限实行分级规划管理。县级、地（市）级人民政府计划行政管理部门审批的建设项目，分别由县级、地（市）级人民政府自然资源主管部门核发选址意见书。直辖市、计划单列市人民政府计划行政管理部门审批的建设项目，由直辖市、计划单列市人民政府自然资源主管部门核发选址意见书。省、自治区人民政府计划行政管理部门审批的建设项目，由项目所在地县、市人民政府自然资源主管部门提出审查意见，报省、自治区人民政府自然资源主管部门核发选址意见书。中央各部门、公司审批的小型和限额以下的建设项目，由项目所在地县、市人民政府自然资源主管部门提出审查意见，报省、自治区、直辖市、计划单列市人民政府自然资源主管部门核发选址意见书。国家审批的大中型和限额以上的建设项目，由项目所在地县、市人民政府自然资源主管部门提出审查意见，并报国务院自然资源主管部门备案。

8.2.2　建设用地规划许可证

建设用地规划许可证是经自然资源主管部门依法审核，建设用地符合国土空间规划要求的法律凭证。设市城市由市人民政府自然资源主管部门核发；县人民政府所在地镇和其他建制镇，由县人民政府自然资源主管部门核发。2024 年起，自然资源部将建设用地规划许可证和建设用地批准书合并审批。

在城市、镇规划区内以划拨方式提供国有土地使用权的建设项目，经有关部门批准、核准、备案后，建设单位应当向城市、县人民政府自然资源主管部门提出建设用地规划许可申请，由城市、县人民政府自然资源主管部门依据详细规划核定建设用地的位置、面积、允许建设的范围，核发建设用地规划许可证。建设单位在取得建设用地规划许可证后，方可向县级以上地方人民政府土地主管部门申请用地，经县级以上人民政府审批后，由土地主管部门划拨土地。

以出让方式提供国有土地使用权的，在国有土地使用权出让前，市、县人民政府自然资源主管部门应当依据详细规划，提出出让地块的位置、使用性质、开发强度等规划条件，作为国有土地使用权出让合同的组成部分。以出让方式取得国有土地使用权的建设项目，在签订国有土地使用权出让合同后，建设单位应当持建设项目的批准、核准、备案文件和国有土地使用权出让合同，向城市、县人民政府自然资源主管部门领取建设用地规划许可证。

8.2.3　建设工程规划许可证

建设工程规划许可证是经自然资源主管部门依法审核，建设工程符合国土空间规划要求的法律凭证。在城市、镇规划区内进行建筑物、构筑物、道路、管线和其他工程建设的，建设单位或者个人应当向城市、县人民政府自然资源主管部门或者省、自治区、直辖市人民政府确定的镇人民政府申请办理建设工程规划许可证。《中华人民共和国城乡规划法》规定，未取得建设工程规划许可证或者未按照建设工程规划许可证的规定进行建设的，由县级以上地方人民政府自然资源主管部门责令停止建设；尚可采取改正措施消除对规划实施的影响的，限期改正，处建设工程造价5%以上10%以下的罚款；无法采取改正措施消除影响的，限期拆除，不能拆除的，没收实物或者违法收入，可以并处建设工程造价10%以下的罚款。

对符合详细规划和规划条件的，由市、县人民政府自然资源主管部门或者省、自治区、直辖市人民政府确定的镇人民政府核发建设工程规划许可证。

8.3 详细规划的实施评估

详细规划的实施评估是衔接总体规划与详细规划、规划目标与实施过程的关键环节，由于国土空间规划体系下的详细规划同时兼具法定依据和实施性政策工具两种作用，详细规划的实施评估也包含着针对实施结果的评估和针对实施过程的评估两个方向。从法定依据角度，要求详细规划内明确的各类底线具有稳定性，不应随意调整变动，从这一维度看，规划实施评估的重点应为针对以控制和约束为主的管控性要求的实施结果的评估。从实施性政策工具的角度，详细规划又具备一定的灵活性和适应性，规划实施评估的重点应为对规划实施过程的持续性评估，从而为规划根据阶段性的政策目标和发展战略作出动态调整提供支撑和指导，提升详细规划作为实施性政策工具的治理效能。

8.3.1 实施结果评估

国土空间详细规划的实施结果评估是针对已经批准的详细规划而进行的系统性评估，以维护详细规划编制和实施管理的权威性和严肃性为核心目的，重点对已批准的详细规划是否得到有效实施、规划目标是否得以实现、规划的实施是否有助于城市发展目标的实现等方面进行评估，评估结果作为国土空间规划体系下进行详细规划整合、新编和修编工作的参考。

1. 实施结果评估的目标与工作原则

详细规划实施结果评估的核心目标，是对已经批准的详细规划在后续编制和管理过程中的优化方向提出引导，推动市（县）自然资源管理部门合理制定详细规划的编制计划。评估应突出实用性、体现客观性，一方面强化分类引导，针对评估结果分类提出已批准的详细规划的整合、新编、修编等建议；另一方面，评估过程强调通过客观数据的比较，和总体规划强制性条款的对比的冲突情况等形成科学理性的评估结果。

2. 实施结果评估的工作基础

详细规划实施结果评估应充分利用国土空间规划城市体检评估、国土空间总体规划专题研究、资源环境承载能力与国土空间开发适宜性评价、地质灾害调查等已有工作成果，同时将年度变更调查数据、已审批通过并纳入一张图的国土空间总体规划、专项规划的各类管控边界、设施布局与规模、名录清单、规划审批信息及用地权属等多元数据共同作为评估的数据基础。

3. 实施结果评估的技术要点

详细规划实施结果评估聚焦两个维度的工作重点，即详细规划落实总体规划、衔接专项规划情况的评估和详细规划对项目实施管理指导作用的评估。一方面应对详细规划在传导总体规划的底线约束要求及战略性意图及与相关专项领域的底线管控要求的符合情况进行评估，针对严重突破耕地和永久基本农田、生态保护红线、城镇开发边界三条控制线划定成果及城市蓝线、绿线、黄线、紫线、历史文化保护线和防灾减灾控制线等底线约束要求的情况进行识别和标注，并提出优化建议。另一方面应针对详细规划指导实施的情况进行评估，重点聚焦于已批的详细规划是否得到有效实施，实施过程是否能够较好地落实总体规划的战略目标，是否能够满足节约集约用地、推动低效用地再开发等绿色低碳发展要求以及对各类公共服务设施、近期建设重大项目的保障情况。在具体操作中，各地还可结合详细规划的编制基础和实际工作增加针对详细规划单元划定的合理性、各详细规划方案之间的衔接情况等方面的评估要求。

实施结果评估的成果一般应包括对已批详细规划的整合、修编和优化建议，可以对国土空间详细规划的单元划定、编制时序、重点编制地区等方面提出针对性的建议。

8.3.2 实施过程评估

国土空间详细规划的实施过程评估，是推动详细规划从静态的法定规划蓝图向动态的政策工具转变、确保规划有效实施的重要环节。国土空间详细规划实施过程的评估既有助于加强在规划实施过程中对详细规划进行管理和优化，为规划的动态维护和更新提供建议和支撑，也有助于在实施过程中及时发现问题，追溯问题的原因，提出针对性的解决方法，并及时进行规划调整或政策调控。详细规划实施过程评估的核心机制在于通过全周期管理和反馈机制的建立，有效地监测、监督规划的实施过程和实施效果，在此基础上形成的反馈机制对规划的内容、政策的制定及规划的运行模式提出修正和调整的建议。这一过程往往需要自然资源管理部门主动作为，利用较长时间持续动态跟踪并完善其运行和管理模式。

需要注意的是，与城市体检评估侧重于从指标评价的角度对总体规划的实施情况进行评估不同，详细规划的实施过程评估更多应从空间的角度反映各项指标的实施情况，为实施层次详细规划的编制和开展行动规划提供指导。以"社区公共服务设施步行 15 分钟覆盖率"为例，详细规划实施过程评估不仅应持续性对特定区域内指标的达标情况进行评估和监测，还应识别出各类社区公共服务设施未达标的重点区域，并提出需重点完善的实施层次详细规划和需加快推进的公共服务设施建设项目的针对性建议。

1. 实施过程评估的目标与工作原则

详细规划实施过程评估的核心目标，是对作为实施性政策工具的国土空间详细规划的不断完善，以提升城市治理现代化水平。因此，应坚持目标导向与问题导向相结合的原则，一方面要评估国土空间详细规划确定的目标的执行情况，科学研判规划的实施绩效；另一方面要识别规划实施过程中在国土空间节约集约利用、民生保障、政策配套等方面存在的突出问题，从详细规划的规模容量、用地布局、空间效率、开发时序等多个维度查找问题产生的原因，提出有针对性的优化建议。

2. 实施过程评估的工作组织

实施过程评估工作由市县自然资源主管部门结合国土空间详细规划的编制审批、动态维护、实施监督等职责定期组织，按照各地明确的具体评估细则和相关规定具体实施。应建立统一的详细规划管理信息系统，作为详细规划动态更新、监测、评估、维护的基础平台，对详细规划的编制审批流程、基础资料、规划成果等实施信息化管理，并与有关行政管理部门共享成果。在评估工作过程中应充分利用年度国土变更调查及既有的国土空间规划城市体检评估等工作成果，与近期实施规划、年度实施计划充分衔接，提升工作效率。

3. 实施过程评估的技术要点

第一，明确实施过程评估的层级和基本单元。由于单元层面详细规划是直接落实上位总体规划战略目标、底线管控、功能布局、空间结构、资源利用等方面的基础平台，总体规划提出的各类战略目标与意图需要通过在单元内的用地配置优化来实现，所以单元层次详细规划是评估实施建设过程是否符合要求的关键平台，而详细规划单元也是空间质量评价的基本单元。

第二，统一详细规划管控数据基础。将详细规划数据库的内容、要素分类代码、数学基础、属性数据结构、属性值代码等进行统一，形成坐标一致的管控数据基础。

第三，制定详细规划实施过程评估方案，明确评估机制、评估内容、指标体系、组织保障等内容。指标体系的建立重点关注底线管控、结构效率和生活品质三个维度，同时与总体规划及城市体检评估的各项指标进行充分衔接，核心是监测以详细规划单元为单位的各项指标的实施度。应明确评估完成后，单元层面详细规划或地块（实施）层面详细规划所需完成的工作，包括详细规划的修改、动态维护、数据平台的更新等情况。

8.4 详细规划的监测预警

8.4.1 详细规划实施监测

原城市规划的实施监督通常为具体项目管控，在项目审批流程中对照一张总图或图则实施监管，监测周期仅覆盖审批过程，监测范围仅为项目及图纸显示的周边地块。随着国土空间规划"一张图"的建设，详细规划实施监测实现了智能化、动态化，由原来具体项目管理转向单元总量管控、蓝图式静态管理转向动态实时管控、事中管理转向"事前、事中、事后"全流程管控。这些转变不仅仅是规划传导模式的改变，更是规划实施监督模式的重大改革。

1. 详细规划实施监测的方式

详细规划实施监测主要有自动化动态感知监测和项目台账对照监测两种方式。

自动化动态感知监测的核心是通过自动化识别、提取、验证等关键技术实现对国土空间体征的动态感知。当前以卫星遥感、航空摄影、物联网、互联网等典型技术为主构成的"天—空—地—网"一体化监测网，是国土空间信息感知体系的关键组成部分，国内已有不少研究运用相关技术辅助规划监测。国土空间信息智能提取模型主要以遥感影像数据为基础，对水体、植被、建筑等要素进行高精度提取，用于国土空间规划中对重点管控边界与要素的监测。城乡运行体征监测模型是以新兴大数据为基础，基于街景影像、城市兴趣点（Point of Interest, POI）、交通刷卡、手机信令等大数据分析人类时空活动特征，通过融合空间分析、定量分析、语义分析等分析方法，从多源异构的人类活动监测数据中挖掘人类活动的特征规律。两类模型互为补充，实现对国土空间信息与人类活动信息的全面监测，实时形成详细规划实施的动态数据，为及时预警和评估提供数据支撑。

项目台账对照监测是在项目审批同期建立信息台账系统，在系统内对信息台账和提前录入的上位指标进行对照监测。如深圳市标准单元监测系统中，信息台账可对标准单元刚性控制要素的现状、规划和实施情况进行动态监测与管控。每一个实施项目纳入计划、规划和实施许可阶段都应纳入台账系统进行数据汇交、规划核查和动态管控，保障拟批项目的累积规划指标不得突破标准单元刚性控制要求。

案例：深圳市标准单元实施监督体系

考虑特大城市、存量土地开发、市场经济发达的特征，结合市、区两级行政事权划分，深圳建立了"总体规划—分区规划—法定图则"的规划传导体系，全市划定标准单元。标准单元作为基础空间单元贯穿于规划体系的各个层级。总体规划以行政管辖分区为传导载体，以标准单元为对象确定二级规划分区，作为主导功能空间结构与用途管制的基础依据。分区规划功能组团为空间单元，对人口与建筑规模、市区级配套设施、蓝绿体系进行分解落实与规划传导，指导法定图则编制。法定图则以标准单元作为核心管控单元，对建筑增量规模、配套设施、公共绿地等规划要素进行管控，指导实施项目和各项基础设施的建设。

深圳市以标准单元为基础空间单元，通过建立全市标准单元"一张图"基础信息平台、信息台账系统和监测评估预警系统，实现各层级规划的实时监测、动态管控、及时预警，保障上下位规划的严格传导，避免下位规划通过"累积效应"突破上位规划。

当已批项目累积规模达到标准单元阈值时台系统账自动启动预警功能,提醒对周边标准单元进行流量统筹管控或者规划修编。类似地,分区规划以功能组团为单位建立信息台账,对范围内法定图则标准单元的编制审批进行管控与监督。

2. 详细规划实施监测的主体

在加强各级政府主体责任的同时,应鼓励非正式组织机构、新闻媒体和社会公众共同参与详细规划的实施监督。创新公众参与机制,发挥网络监管作用,普及规划知识,展示公开规划成果,举办规划审批听证及公众参与活动等都有助于形成社会共治共管的良好氛围。

8.4.2 详细规划实施预警

详细规划实施预警是指上级人民政府自然资源主管部门运用国土空间"一张图"实施监督信息系统对单元层面详细规划的实施和维护进行长期动态监测,对违反详细规划特别是强制性内容的情况进行及时预警,以实现对风险的有效防控。预警的重点在于及时性,一是对潜在可能违反重要控制线与约束性指标的警情提前预判告知,二是对详细规划审批和实施过程中的流程风险提前防控预警。内容和流程两方面的监管预警,可促进及时的风险反馈,遏制规划偏离现象。

1. 针对详细规划内容的预警

掌握用地、指标变化情况,并对突破建设用地总量等关键性指标以及违反总规强制性内容等情况进行预警,一方面,需要通过"一张图"信息底板与详细规划实施信息的双向更新来确保监测评估预警工作数据基础的准确性和及时性;另一方面,需要通过完善的机制建设保障预警工作的有效性。包括建立规划编制协调和国土空间规划"一张图"校核机制,明确警报触发条件;建立维护机制,明确详细规划动态维护主体、标准、流程及方法等,确保基础信息底板的时效性;建立监测机制,保障规划许可和审批环节对详细规划的调整内容能及时反馈到"一张图"系统中,并对详细规划编制进度、修改状态及实施过程进行动态监测,对突破建设用地总量、违反容积率管理规定的详细规划史新情况进行及时预警。

2. 针对详细规划审批和实施流程的预警

对详细规划审批、修改、动态维护等流程中风险点的防控是对内容预警的重要补充。以北京市为例,北京市中心城详细规划动态维护风险防控管理监察平台已有10余年的探索基础,建设单位未按规定程序、标准和要求组织研究论证,故意遗漏论证环节,拖延办理时间,未按程序要求进行项目公示,未客观采信公众意见等情况均可通过监察系统及时反馈,在会商会办、动态工作会、公共参与三个监察点进行系统分析,系统中以红绿灯方式区分显示,监察人员可以一目了然地看到业务状况和风险问题。

8.5 详细规划的动态维护

在合理界定刚性与弹性管控的基础上建立包括规划修编、优化和技术修正等在内的详细规划分级调整制度,既能保证对详细规划关键内容的强制性控制,也可以保障详细规划实施过程中的灵活性和适应性。经依法批准的单元层面详细规划应保持稳定,但可在不改变强制性内容管控要求的前提下,经评估后以修订地块(实施)层面详细规划的方式进行优化。

8.5.1 动态维护的触发条件

触发动态维护的条件一般包括上位规划调整、项目需求、专项规划成果纳入等几类情形。

1. 上位规划调整

因详细规划所依据的国土空间总体规划修改导致详细规划无法实施的情形,包括对规划单元的功能定位发生变更、四线管控等强制性内容发生变更,以及对城市红线、城市绿线、城市蓝线、城市紫线、城市黄线等城市控制线线位的调整引起用地边界的变化,生态保护红线、永久基本农田、城镇开发边界等上位规划管控要素调整引起用地边界的变化等,适用于"修编型"动态维护。

2. 项目需求

因项目实施需要，增加绿地与开敞空间、公共管理与公共服务、公用设施等公益性设施用地面积的情形，包括在规模不减少、不影响设施服务范围的前提下，调整独立占地的公益性设施用地边界和位置，调整非独立占地配套设施位置；在公益性设施用地规模不减少、不影响设施服务范围的前提下，优化国家、省、市重大项目用地布局和规模；因市级及以上项目实施需要，在不突破单元层面详细规划强制性管控要求的前提下，调整地块控制指标；因市级及以上项目实施需要，在支路网密度不降低、红线宽度不减小前提下，适当调整支路走向。上述情形适用于"优化型"动态维护。

3. 专项规划成果纳入

经批准的专项规划中涉及详细规划调整的内容，经规划资源主管部门认定，符合详细规划优化要求并达到详细规划编制深度的，需纳入详细规划。这类情形适用于"优化型"动态维护。

4. 其他

法律法规和国家、省、市有关文件中明确可以适用详细规划动态维护的，以及经政府批准同意的详细规划动态维护的其他情形；其中涉及非强制性内容的地块边界勘误、坐标勘误、文本勘误等可归类于"技术修正"。

8.5.2　动态维护的内容与流程

1. 动态维护具体内容

（1）土地使用性质优化

土地使用性质优化包括在不改变地块总控制指标的前提下，用地性质从大类或中类细化为中类或小类，以及在不影响其他相邻关系的前提下，用地性质从中类或小类调整为大类或中类；符合相关产业政策，将规划用地性质由经营性用地调整为产业用地（工业、仓储、科研）或为周边生产配套服务的公益性公共设施、市政交通设施用地，以及产业用地（工业、仓储、科研）的用地性质之间的互换；符合相关产业政策，鼓励产业用地复合利用，增加产业用地功能兼容性；为优化布局、完善功能，不改变用地主导功能的前提下，对不同功能建筑面积比例进行的优化调整。

（2）规划控制指标微调

规划控制指标微调包括在符合城市发展导向，满足公共利益需求，且对周边地区及居民无不利影响的前提下，对容积率、建筑密度、建筑高度及绿地率等地块规划控制指标进行的一定幅度的修正；在符合相关产业政策，在满足安全生产的前提下，对工业、仓储用地建筑密度、绿地率等指标进行的一定幅度的优化。

（3）交通运输和公用设施微调

交通运输和公用设施微调包括对道路断面、交叉口形式及渠化措施、港湾公交站、机动车出入口、停车泊位的修正；按工程方案深化需求调整交通运输和公用设施的建设形式，如敷设方式在高架、地面及地下之间相互转换等；在满足城市安全和通行要求的前提下，调整城市次要支路位置，增加地面连通道、空中连廊、地下连通道、隧道、跨河桥梁；结合地块增加设置轨道交通出入口、无障碍电梯、风井、冷却塔等附属设施。

2. 动态维护的流程

详细规划的动态维护应当遵循相应的法定流程，一般包括：组织编制机关对详细规划动态维护的必要性进行论证，采取论证会或者其他方式征求专家意见，采取听证会方式征求地段内利害关系人的意见，采取规划草案公示方式征求公众意见。

详细规划动态维护方案经法定流程审批或经法律法规规定的相关部门认可后，方可作为用地许可依据。依法批准的动态维护方案，包括批准文件和规划成果的主要内容应由组织编制机关通过政府网站等途径向社会公布，并且在政府信息公开场所提供查阅服务。详细规划动态维护方案经批准和公布后，应纳入国土空间规划"一张图"管理系统中。

关键术语

详细规划实施评估、详细规划监测预警、详细规划动态维护

思考题

1. 请简述县人民政府所在地镇和一般镇的城镇开发边界内详细规划审批的差异。

2. 请简述详细规划实施的两个方向及其目标。

3. 某市新批复的综合交通规划，其中涉及详细规划的调整，如何将相应的内容纳入详细规划？

参考文献

[1] 张尚武，刘振宇，张皓.国土空间规划体系下的详细规划及其运行模式探讨[J].城市规划学刊，2023（4）：12-17.
[2] 自然资源部.自然资源部关于加强国土空间详细规划工作的通知[EB/OL].（2022-03-02）[2024-05-05].https://gi.mnr.gov.cn/202303/t20230324_2779294.html.
[3] 自然资源部，中央农村工作领导小组办公室.自然资源部 中央农村工作领导小组办公室关于学习运用"千万工程"经验提高村庄规划编制质量和实效的通知[EB/OL].（2024-02-06）[2024-05-05].https://gi.mnr.gov.cn/202402/t20240222_2838000.html.
[4] 广东省自然资源厅.广东省城镇开发边界内已编控制性详细规划评估指南（试行）[EB/OL].（2023-03-22）[2024-05-05].https://nr.gd.gov.cn/gkmlpt/content/4/4138/mpost_4138536.html#3100.

后 记

本书作为教育部战略性新兴领域"十四五"高等教育教材"国土空间规划丛书"建设项目的组成部分，旨在围绕国土空间规划体系改革下的详细规划编制，并为高校国土空间规划教学和人才培养提供系统知识框架和实用的技术指导。本教材编写过程中，充分吸纳了近年来国土空间详细规划领域的理论研究、技术方法创新和各地规划管理实践等前沿探索，结合多所高校专家、学者等编写人员多年来在详细规划领域的理论、教学和实践经验，力求教材内容紧扣国家改革需求和行业发展需要。

同时，本书注重传统教材与数字教材的融合，在内容上保持动态更新和持续迭代，不断完善和扩展知识体系，在形式上凸显多样化和数字赋能，整合形成了丰富的教材线上资源库。本书希望通过新型教材的模式探索，提供更具灵活性、开放性的教学学习体验，以适应快速发展的行业需求和高等教育改革需求。

最后，感谢参与本书编写的各高校专家、学者，感谢同济大学出版社各位编辑的辛勤付出，也感谢为本书提供支持的各方力量。希望本教材能成为高校师生和同行从业者学习国土空间详细规划编制的有力工具，为国土空间规划战略性新兴领域的发展做好培养卓越人才的重要支撑保障作用。我们也期待各位读者提出宝贵的意见和建议，以帮助不断完善本书内容、提高本书质量。

本书各章节的编写人员如下：

第一章 1.1–1.3 张尚武，张立，刘振宇，杨雨菡（同济大学）；1.4 曾鹏，杜孟鸽，蔡良娃（天津大学）

第二章 郭杰，易家林，欧名豪（南京农业大学），张立，程遥（同济大学）

第三章 3.1 周剑云，戚冬瑾（华南理工大学）；3.2 杨俊宴，史北祥，孙昊成，崔澳（东南大学）

第四章 4.1 张立，赵雪琪（同济大学）；4.2 匡晓明，陈君（同济大学）

第五章 5.1 曾鹏，杜孟鸽，蔡良娃（天津大学）

5.2，5.6 李云（深圳大学），黄亚平（华中科技大学）

5.3，5.7，5.9 孔惟洁，黄亚平（华中科技大学）

5.4，5.5，5.8 林颖，黄亚平（华中科技大学）

第六章 6.1–6.3 栾峰，穆艳霞，殷清眉（同济大学）；6.4 段德罡，韩璐，丁

春梅（西安建筑科技大学）

第七章　7.1-7.4，7.6 李和平，刘鹏，钱笑（重庆大学）；7.5 刘大海（中国人民大学），邢文秀（自然资源部第一海洋研究所）

第八章　张尚武，张立，钱慧，李林希，李航，王骏（同济大学）

编者

2024 年 7 月 31 日